JN418039

낮은 대문이 내게 건네는 말

강나루 에세이집

시와사람

강나루 에세이집

낮은 대문이 내게 건네는 말

2022년 8월 25일 인쇄
2022년 8월 30일 발행

지은이 | 강 나 루
펴낸이 | 강 경 호
인쇄·기획 | 도서출판 시와사람
등록 | 1994년 6월 10일 제 05-01-0155호
주소 | 광주시 동구 양림로119번길 21-1(학동)
전화 | (062)224-5319
팩스 | (062)225-5319
E-mail | jcapoet@hanmail.net

ISBN 978-89-5665-639-7 03810

값 12,000원

＊지은이와의 협의로 인지를 붙이지 않습니다.
＊잘못된 책은 바꾸어 드립니다.

공급처 ■ 한국출판협동조합
경기도 파주시 적성면 가월리 1859- 9 한국출판협동조합 적성물류센터
주문전화 (02)716- 5616, 070- 7119- 1740

낮은 대문이 내게 건네는 말

■ 저자의 말

슬픔이 복받쳐 오를 때

언젠가부터 책장 앞에 서 있지 않게 되었다. 서점에 가지 않고도 전자서점에서 전자책을 훨씬 싸게 살 수 있게 되었기 때문이라고 핑계를 대왔지만, 컴퓨터게임을 하는 시간이 압도적으로 는 것이 진짜 원인이다. 지난 일 년간 몇 권의 책을 샀을까 싶어 세어봤더니 50권이 채 되지 않았다. 대학 때는 하루에 한 권은 읽어내던 내가 올 해는 한 주에 한 권도 읽지 않은 것이다.

심지어 이사 온 후에는 방에 책장을 들여놓지도 않았다. 물론 스마트폰으로 본 전자책은 수백 권은 되겠지만 킬링타임용 대중소설이 대부분이라 내 무언가가 성장한 것이 있는지 없는지도 모른다.

반면에 내 컴퓨터는 모니터가 커졌고 성능도 몇 배 높아졌다. 마이크도 생겼고 헤드셋도 준전문가급으로 바뀌었다. 어느 곳보다도 안락하게 시간을 버릴 수 있는 자리가 된 것이다. 버려진 시간은 돌아오지 않는다. 시간을 들여 컴퓨터 게임으로 사귄 사람들과의 이별이 아쉬웠다. 이미 가까운 친구들이 되어버렸기 때문이다. 그저 날 탓할 수밖에 없다. 그렇기에 지나간 시간을 정리하며 울음이 터져 나와도 삼킬 수밖에 없다. 어떤 참신함도 없이 식상할 수밖에 없는 눈물을 닦으며 우선 삶의 방식을 되돌아보며 나의 존재를 규명하기 위해 글을 써야겠다고 생각했다. 막상 글을 쓰다 보니 인류가 안고있는 여러가지 문제들, 기계문명과 인간애, 우리 사회가 안고있는 문제들, 앞으로의 일을 준비하면서 겪게 될 감정. 내 또래 세대 대부분이 한번쯤 겪었을지도 모를 느낌을 내 나름대로 정리하였다. 이 글을 접했을 때의 나는 분명 지금의 나와는 다른 나일 것이다. 때문에 과거의 나의 감정에 완전히 공감할 수 있을지 궁금하다. 후회할지, 한심해할지, 그 때라도 결심해서 다행이었다고 여길지 지금은 알 수 없다.

나는 미래에 대한 개인적인 전망도 모두 접어두고 미친 듯이 터져나오는 온갖 생각들을 차곡차곡 글로 정리했다. 도대체 내 속에 무엇이 들어있는지, 그래서 내가 어떤 사람이고, 나의 정체성이 어떤 것인지 그 윤곽이 나타날 것이라고 생각했다.

많은 글들이 아직 세상을 덜 살아온 사람의 현학적이고 추상적인 글이 아닌지 하는 생각을 해본다. 어찌됐던지간에 그 모든 것들은 나의 정신을 이루는 요소들임은 분명하다. 그리고 젊은 시절의 나를 닮은 것들이어서 밉기도 하고 고맙기도 하다.

잘 있거라. 나의 피와 살들이여, 그리고 나의 정신들이여. 이 글들이 내 젊은 날 방황의 마침표이며, 이정표가 되었으면 한다.

강나루

차 례

1 말의 품격

2 기계는 휴머니즘을 꿈 꾸는가

3 어리석은 현자들의 상상력

4 타락한 인간의 언어

1

말의 품격

낮은 대문이 내게 건네는 말

낮은 문에 수없이 머리를 찧으면서 머리가 아픈 것만을 생각했다.
문이 내게 하는 말을 오랫동안 듣지 못했다.

중요한 사실을 허투루 다루면 어떤 식으로든 다치고야 마는 것 같다.

외가에 갈 때마다 문틀이 낮다는 생각을 했다. '옛날집들은 겸손하라는 의미로 허리를 숙여서 출입을 하라고 문틀이 낮다'는 말을 들었다. 반가워하는 백구를 쓰다듬으려다 외양간 지붕에 부딪쳤다. 백구가 사는 곳은 본래 소가 사는 곳이었는데 이제 개가 살고 있다. 옛 집은 외양간 지붕도 낮다. 방에 들어서다 문틀에 다시 머리를 찧었다. 처음에 들어서면서 낮은 문 높이에 대해서 이야기를 했으면서도 허리를 굽힐 줄 몰라 크게 고통스러운 꼴을 당하고 말았는데 다 내 탓이다.

이 일은 고통뿐인 채로 금세 잊어버렸다가 최근 어느 시인의 집을 방문했다가 낮은 대문을 보고서 다시 떠올랐다. 집으로 돌아오는 차에서 나는 또 다시 아픔을 겪어야 했다. 외가에서 이미 겸손하지 못하여 머리를 두 번이나 다쳤으면서 남의 집 대문을 주인 보는 앞에서 허락 없이 사진을 찍어댔으니 나만 생각하는 겸손하지 못한 모습이 도로 고개를 드밀었음을 떠올린 것이다.

어린 시절 성서를 여러 번 읽으면서 선지자의 존재에 대해서 의문을 가졌었다. 성서 속 선지자는 하느님의 말씀을 홀로 듣고 어리석고 못된 백성들에게 하느님의 가르침을 베풀어 이끄는 존재로 묘사되는데, 즉 세상에서 홀로 옳고 홀로 깨우쳤다고 이야기하는 독선가가 아닌가 하는 의문이 들었던 것이다. 이러한 의문은 내 지식의 폭이 넓어질수록 여러 대상에게로 전이되었다. 조선의 유학자들도 저런 선지자가 아닐까? 근대의 계몽주의자들이야말로 저 선지자의 화신이 아닐까? 정치인 중에 선지자가 아닌 사람이 하나도 없다! 혹시 나도 선지자인가? 남에게 손가락질을 하면 나머지 네 손가락이 자신을 가리킨다더니 의문은 오랜 시간을 거쳐 낮은 문에 머리를 박는 나에게로 돌아왔다. 내 안에 내재된 오만은 언제나 거짓 선지자로서 나설 기회만을 노리고 있는 것일까?

소크라테스가 말했다. '검토되지 않은 삶은 살 가치가 없다'고. 알고 있다고 믿는 앎에도 이리저리 난처한 질문을 던져보며 진정으로 앎에 도달한 지식인지 스스로 검증할 줄 알아야 한다. 큰돈을 투자할 때, 비싼 제품을 살 때 모두들 투자대상을 여러 방면에서 검증해보고 비슷한 성능 혹은 가격대의 제품들을 두고 깐깐하게 비교하지 않는가? 그 깐깐한 검증을 자신의 앎에게 적용하지 않을 이유가 없다.

남보다 더 많이 알고 있다는 것은 어떻게 알 수 있을까? 그 아는 것이 옳음을 어째서 확신하는가? 괴테의 '하나의 언어만 아는 사람은 아무 언어도 모른다'는 증언이 그럴듯하다고 생각한다. 때문에 내가 남보다 더 많이 알고 있는지 알 수 없으리라 생각한다. 내 앎은 오직 나의 관점에서만 조명되는 앎이기 때문이다. 그러므로 내 앎이 옳다는 것을 확신할 수 없으리라 생각한다.

어느 철학과 교수가 예술은 집중하고 생각해야만 쾌락을 얻을 수 있다고 했다 한다. 집중과 생각은 과정에서든 결과에서든 변화를 낳았을 것이다. 낮은 문도 예술과 마찬가지일 것이다. 향교나 서원의 외삼문과 내삼문은 고개를 숙이고 들어가야 한다. 중앙에 크고 높은 문이 있지만 큰 문으로는 누구든지 출입을 하지 못했다. 오직 작은 문으로만 다닐 수 있었다. 옛 어른들은 허리를 숙인다는 불편함을 곱씹으며 자기를 돌아보고 발전의 계기로 삼았지 않았을까?

외가의 낮은 문을 들어서며 낡은 장판, 냉기가 도는 장판을 보았다. 한때는 뜨끈했던 바닥이 다 삭고 식어버렸다. 하지만 구석에 옹기종기 모여서 이불을 덮고 앉고 때론 누워서 이야기하는 모습은 그대로다. 소가 여물 뜯으며 콧김 불던 외양간을 백구가 차지하고선 옛 주인이 오면 반가워 어쩔 줄 몰라 한다. 옥상계단 옆 닭장에는 이제 닭털마저도 날리지 않는다. 집을 굽어보던 늙은 감나무는 이리저리 토막 나 몸통만 남았다. 그 세월의 간극에서 나는 어디에 집중했고 어떤 생각을 했을까.

내가 큰 것을 좋아한다고 생각했다. 그러나 작은 것 또한 좋아한다. 큰 TV를 좋아한다. 큰 TV에 대비되어 작아 보이는 나를 좋아한다. 작은 방을 좋아한다. 작은 방 안의 커 보이는 나를 좋아한다. 작은 침대를 좋아한다. 작은 침대에 딱 맞아떨어지는 나를 좋아한다. 줏대가 없는지도 모른다. 취향이 상황마다 다를 뿐인지도 모른다. 하지만 나는 내가 어떤 사람인지 자주 생각하고 재확인하려 한다.

지독한 악필인 나는 펜을 쥐는 습관이 잘못되어 악필이라고 생각하여 펜 쥐는 방법을 개선하고자 노력했고 해냈다. 하지만 악필은 그대로였다. 펜 쥐는 법이 아니라 글씨 쓰는 법을 고쳤어야 했다는 후회가 있었지만, 펜글씨를 쓰는 대신 컴퓨터를 다루며 악필의 문제를 회피하려 하였다. 나의 악필에는 나의 감정이 묻어나지만, 컴퓨터의 폰트는 표정이 없기 때문이다.

지금 생각해도 잘났던 기억, 참신했던 아이디어도 있었고 여전히 부끄러운 기억, 처참한 실패도 있었다. 하지만 난 내 이야기를 그다지 하고 싶지 않다. 남이 들었을 때 거들먹거리는 것처럼 느껴지면 어쩌지, 못난 사람으로 인식하면 어쩌지 하는 불안이 있기 때문에 나를 꼭꼭 숨긴다.

낮은 대문을 나서려 허리를 숙였을 때 콘크리트 골목길을 보았다. 대문을 벗어나 허리를 폈을 때 야트막한 언덕을 따라서 흘러 내려오는 햇빛을 보았다. 흔한 길이고 흔한 햇빛이었지만 낮은 문에 머리를 찧지 않았다면 기억에 남지 않았을지도 모를 일이다. 예부터 사람들은 함부로 허리를 숙이거나 무릎을 꿇지 않았다. 그런 행위가 때로는 굴복이라는 치욕으로 인식되기도 했기 때문이다. 그러나 오늘날 허리를 숙인다는 행위가 중요한 것이 아니라 허리를 숙이며 어떤 생각을 하느냐가 중요하다. 생각은 자아를 확장시킨다. 사람을 성장시킨다. 고난과 모험이 사람을 성숙시킨다는 류의 진부한 이야기들이 있다. 고난과 모험은 끊임없는 사고로 자기개발을 추구해야 이겨낼 수 있기 때문에 나온 말이 아닐까?

낮은 문에 수없이 머리를 찧으면서 머리가 아픈 것만을 생각했다. 문이 내게 하는 말을 오랫동안 듣지 못했다.

나무 그늘 아래에서 몰아쉬는 에코

이사를 가려니 집 앞에 꾸며놓은 화단을 모두 처리하고 가라는 말을 들었다. 갑갑하고 불안한 동네가 팍팍하기까지 하니 떠나기로 결정하길 참 잘했다는 생각이 들었다.

초등학교를 다니던 어린 시절에는 유난히 부잡했다. 등굣길에 우체통에 손을 넣어본 적이 한두 번이 아니었고, 추운 겨울 아귀가 잘 안 맞는 문을 무릎으로 쳐서 밀어내려다 유리가 깨져 무릎이 크게 찢어진 적도 있었다. 그뿐 아니라 이발소 면도칼에 손등을 베이기도 했고, 학교 근처에서 자전거를 타다가 차에 들이받혀 다리가 부러지기도 했다. 이러저러하게 사고를 치고 다니는 나였음에도 불구하고 소심하고 낯가림이 심해서 단 한 번도 큰소리를 치지 못하고 속으로 삭이곤 했다.

이런 나에게 자신감을 불어넣기 위해 아버지께서는 주말마다 화순 만연산에 함께 오르곤 하셨다. 그럼에도 정상에서 야호를 외치는 내 소리는 가문 날의 풀잎처럼 비실비실할 뿐 영 나아지질 않았다. 등산로 아래까지 타고 간 차를 둘러보다가 시거잭의 소용돌이치는 모양에 호기심을 느꼈고 이내 손가락으로 꾹 눌러버리기도 하였다. 살갗이 푹 익어버려 작열하는 욱신거림이 찌르르 느껴졌고 몇 번 피부가 올라오다 벗겨지길 반복해서 다시 지문을 보기까지 꽤 오래 걸렸다. 이러한 어린 시절의 내 부잡함은 모두가 세상과 사물에 대한 호기심 때문이었는데 산과 내[川]가 있고 시골스러움과 자연이 있는 읍내였기에 가능했는지도 모른다.

성장하면서 나의 관심은 책 속의 미지에 호기심을 가지면서 부잡함은 고개를 숨겼고, 미지가 아니게 된 지식들을 쌓으면서 상황에 따르는 자아도 강해져서 소리를 쳐야 할 때는 치고 때로는 억지를 부릴 수도 있게 되었다. 아무리 무른 진흙이라도 때가 되면 굳어 단단해지고 마는 것이다.

서울에서 태어나 고향을 느낄 장소가 없는 내게 할머니 할아버지와 3대가 함께 살았던, 만연산 품을 파고들고 자리잡은 마을은 부잡하지만 물렀던 어릴 적의 아련함과 은근한 느슨함이 느껴지는 곳이다. 고등학교에 입학하면서 학교 근처로 이사를 간다고 했을 때 등하교의 편함에 혹하면서도 아쉬움을 느꼈다.

고등학교에 들어가며 처음으로 인근 대도시의 아파트에서 살게 됐다. 아파트의 특성상 사람 위에 사람이 있어 거슬리고 아래에도 사람이 있어 조심스러웠다. 반년만에 옆집 사람을 처음 봤다. 경비아저씨가 한참 어린 내게 고개를 숙여 인사하는 모습이 영 불편했다. 겨울바람이 아파트와 아파트 사이에서 가속하여 안경을 날려버리고 귀를 얼리려 드는 것도 싫었다. 만연산 자락에서 살 때는 온갖 농기구로 힘차게 밭을 갈아엎던 할아버지께서 점점 쇠약해지는 것도 땅에서 살지 못하는 탓인 것 같았다.

오다니는 거리 이곳 저곳이 재개발을 한다며 난리다. 대학생 시절 막내동생을 태우고 통학하던 도로 한편도, 나무만 무성하던 도시 외곽의 도로 좌우도 이제는 아파트단지가 되었다. 한번은 천변에 붙어있는 저지대의 달동네를 철거하는 것을 보면서 저 곳에 생태공원을 만들면 산과 천변이 어우러져서 참 아름다울 것 같다는 생각을 했는데, 금세 철벽이 세워지더니 안전망이 생기고, 철벽 너머로 크레인이 만화 속 거대로봇처럼 활보하더니 이내 아파트가 산을 가려버렸다. 언제, 어디까지 초록빛 건강한 피부를 벗기고 회색 쇠말뚝을 박으려는 걸까.

19세기 조경가 프레드릭 옴스테드가 '센트럴 파크' 조성을 주장하며 "지금 이 곳에 공원을 만들지 않는다면 100년 후에는 이만한 크기의 정신병원이 필요할 것이다"라고 말했다.

서울에는 북한산 국립공원을 제외하더라도 20곳이 넘는 도심공원이 존재한다. 그렇지 않으면 옴스테드의 발언이 함의한 것처럼 사람이 마모되고 피폐해지기 때문일 것이다. 사람은 자연의 일부라느니 하는 진부한 이야기가 아니더라도 가을 황금들녘을 보면 마음이 푸근해지고, 개똥 위에 자란 민들레를 발견하면 반가운 느낌이 드는 것은 수천 년 농경사회를 이루고 지냈던 혈통의 경험이다. 그렇기 때문에 고작 한두 세대 만에 회색 숲을 보금자리로 여기고 지내도록 적응했더라도 녹색 숲을 가까이하지 않고서는 고향에서 멀리 떨어진 타지에 떨어진 듯한 불안감과 외로움에 마모되지 않을 수는 없을 것이다.

최근 일 년 남짓 잠시 살았던 빌라는 온 사방에 녹색이라곤 가로수 외에는 단 한 톨도 보이지 않아 우울한 동네에 있었다. 집 앞을 지나는 좁은 소방도로 좌우로 차가 지나가기도 힘들게 주차된 차가 너무 갑갑하고 불안했다. 구청에 해결을 요구했더니 경찰서로 떠넘기고 경찰서에 해결을 요구했더니 구청으로 떠넘겼다. 그 와중에 동네 주민들과 다투기도 했지만 전혀 해결할 수가 없어서 백기를 들고 동네를 떠났다. 이사를 가려니 집 앞에 꾸며놓은 화단을 모두 처리하고 가라는 말을 들었다. 갑갑하고 불안한 동네가 팍팍하기까지 하니 떠나기로 결정하길 참 잘했다는 생각이 들었다.

어쩌면 지식을 탐미하며 부잡한 모험심을 잃어버린 대신 변화를 거부하는 완고함이 내면에 자리잡은 것인지도 모르겠다. 그래서 어린 시절 살았던 풍경을 동경하고 환상을 품고, 동경과 환상을 여러 미사여구로 포장하는 것은 아닐까하는 생각이 들기도 한다. 우리 가족은 지금도 아파트에서 살고 있다. 하지만 베란다에는 꽃이 가득하고 그 너머로 무등산이 보이는 집이다. 귀뚜라미가 있고 산비둘기가 울고 가끔은 고라니도 집안을 엿보는 숲 속이다. 가을이 되니 벌도 방충망을 비집고 베란다에 들어와서 꽃구경을 한다. 덕분에 아파트가 그리 싫지는 않아졌다. 위에서 사람이 시끄럽게 쿵쾅거려도 조금 불만이 생기기도 하지만 이내 손주가 왔나보다 싶어 아이들이 뛰어다니는 모습을 떠올려보기도 한다. 도로의 맨 끝, 외따로 떨어진 집이어선지 시골동네의 산 아랫집에 사는 기분이 든다.

그럼에도 불구하고 가끔은 어린 시절 그랬듯 마당 있는 집에서 강아지 한 마리랑 같이 살았으면 싶은 생각이 든다. 도시는 계층사회다. 직장, 직급의 상하가 있고 아파트 브랜드의 가치를 따진다. 학교의 수준을 나눈다. 심지어 윗집이 화장실청소를 하느라 세제와 락스를 풀면 아랫집이 락스냄새를 맡아야 하는 책임전가의 사회이기도 하다. 그러나 마당 있는 집에서 나를 반기는 강아지는 계층을 생각할 줄 모른다. 집 밖에서 소리가 나면 맹렬히 짖다가도 익숙한 소리를 들으면 금세 꼬리로 이륙할 기세다. 어릴 적 오르내리던 만연산에서 만나던 등산객들은 서로의 안전을 가늠하며 적절하게 스쳐갔다. 때론 초면에도 반갑게 인사를 건네기도 했다. 비 내린 다음 날 친구들과 계곡에 가재 잡으러 오르다 숨이 차 소나무에 등을 기댔을 때 맡았던 물걸레 냄새 같은 꾸릿한 냄새 사이로 스며오는 송진의 향긋함을 이 도시에서는 맡을 수가 없다.

게임에서 벗어나

만난 사람은 누구나 날 보고 착하다고 하는데, 동네바보형에게도 착하다고 하겠지. 나이 서른에 앞으로의 무언가를 준비한다는게 늦은 것인지 늦었지만 이제라도 준비하니 다행인지 알 수 없다.

컴퓨터 속에는 별의 별 것이 다 들어 있다. 하지만 컴퓨터를 업으로 하는 사람이 아닌 이상 '생산적'인 무언가를 해내기는 쉽지 않다. 퇴근하고 집에 와서 컴퓨터 앞에서 무엇을 할 수 있을까? 무엇을 해낸들 프로그래머가 아닌 이상 사라져버리는 비누 이상의 값어치를 해내기도 쉽지 않다.

나 또한 마찬가지다. 퇴근하고 컴퓨터 전원을 누르고 옷을 갈아입고 손발을 씻은 후 의자에 앉아서는 게임을 실행한다. 음성채팅 프로그램도 함께 실행한다. 함께 게임을 하는 사람들과 긴박하게 정보를 나누면서 게임을 공략해나가거나 의미없이 모여서 두런두런 대화를 한다. 키우는 개가 새끼를 낳았는데 아무데나 똥을 누니 어미가 후딱 가서 먹어치우더라, 상사가 그룹웨어를 도입하자며 지스위트를 미는데 아무리 알아봐도 다른게 더 접근성이 좋더라, 저번에 만났을 때 누구랑 누구가 사이가 좋더니 이번에 싸웠다더라.

의미 없다. 시간이 죽어나갈 뿐이다. 그래서 정리했다. 게임을 삭제하고, 함께하던 사람들에게 작별을 고했다. 누나, 형, 동생, 형이라기엔 삼촌뻘인 형... 떠날 마음을 먹은 사람은 잡을 수 없는 것을 알기에 앞날을 축복하고 다음의 만남을 약속하지만 모두들 알고 있다. 함께 하는 순간이 사라진만큼 앞으로는 계속 멀어질 수 밖에 없다는 것을. 6년의 사귐은 백사장의 낙서마냥 순식간에 쓸려나가지는 않을 테지만, 언젠가는 끊어질 것을 내심 인지하고 있다.

나는 6년간 무엇을 했는가. 사람을 만났다. 컴퓨터를 통해서 게임을 통해서. 좋은 사람들을 만났다. 우체부, 게임개발자, 주부, 국제배송대행업자, 세관공무원, 군인이라는 직업이 아니라 모여서 관심사를 나누는 형, 동생, 누나, 삼촌뻘의 형, 또래친구다. 가끔 광주에서, 서울에서, 부산에서, 대구에서 만나기도 했지만 거의 모든 시간을 컴퓨터 너머로 만났다.

나의 앞날을 위해서는 이 길이 옳음을 알고 있다. 신변잡기로 잡담을 나눌 시간에 자기계발에 시간을 쏟아 부유해진 수많은 사람의 일화를 알고 있기 때문이다. 알면서도 행하지 못했기 때문에 이번에야말로 해보이고 말겠다는 다짐도 선다.

그럼에도 콧구멍을 비집고 나오는 울음은 참을 수 없어 운다. 인간은 온갖 불안과 공포에 찌든 생물이어서 현재를 희생하여 미래를 대비하려는 습성이 있다는, 예전에 읽어본 적 있는 듯한 글귀로 마음을 다잡아본다. 울음으로 코가 막힌다. 하지만 다짐해야한다. 게임에 드는 비용이 불안과 공포로 찌든 미래를 더욱 가속시키는데 사용되고 있음을 알고 있기에 지금의 헤어짐, 울음을 감내해야함을 안다. 알고 있을 뿐이다.

나는 앞으로 책을 볼 것이다. 과거처럼 글귀를 눈으로 쫓지만은 않을 것이다. 책으로만 좇지 않을 것이다. 나는 앞으로 눈앞의 사람을 좇을 것이다. 듣지 않을 것이다. 말할 것이다. 나를 말하고 나를 보여주고 나를 강조하고 몸에 맞지 않는 옷이지만 우격다짐으로 갈아입어야할 것이다. 그래야 헤어짐이 가치 있는 것이 된다.

이 헤어짐이라는 가치를 어떻게 만들어야할까. 고등학교 때는 조정래와 같이 이름만 대면 누구나 알 수 있는 소설가, 작가를 키워내는 선생님이 되고 싶었다. 대학 때는 세상의 부조리에서 벗어나는 새로운 세대를 위한 교육 개혁가가 되고 싶었다. 수능을 뜯어고치고 초중고대학구조를 갈아 엎은 토양에 새로운 교육을 세우는……. 모두 몽상이었음을, 현실의 벽이 지독히도 거대함을 알고 보니 나는 그런 사람이 아니었다. 앞장서 큰 그림을 그리고 계몽하겠다고 나서기에는 기가 약한 인물. 풀뿌리에서 톱니바퀴로 기능하기에는 변덕적인 인물. 하지만 큰 그림에 줄을 덧대어 잘 보이게 만드는 건 즐길 수 있는 인물. 애매하고도 너무나 흔한 인물상이 나였다.

내 장점이 뭐가 있을까, 어떻게 써먹어야 유용할까, 글을 적당히 논리적으로 쓸 수 있는 것, 나보다 잘난 사람이 많다. 컴퓨터를 잘 다루는 것……. 나보다 잘 다루는 사람이 많다. 6년을 한 게임도 특출나게 잘하진 못했다. 노래도 못한다. 몸도 둔하다. 만난 사람은 누구나 날 보고 착하다고 하는데, 동네바보 형에게도 착하다고 하겠지. 나이 서른에 앞으로의 무언가를 준비한다는게 늦은 것인지 늦었지만 이제라도 준비하니 다행인지 알 수 없다. 무언가 결과물이 나오지 않았는데 어떻게 알 수 있을까?

시간 흐르는대로 살아온 내 앞에 놓인 쉬운 길은 몇 가지가 있다. 지금 하는 일에 헌신하여 내 자리를 개척하는 것. 공무원 임용 공부를 다시 해서 자리를 잡는 것.

이 쉬운 길에 답이 있을까, 다른 길에 답이 있을까? 길게 고민할 문제는 아니다.

고향의 언어

어릴 때 매우 서럽고 아플 때 울면서 엄마를 목놓아 찾은 경험이 누구나 있을 것이다. 엄마란 우리의 고향이며 가장 안전하다고 느끼는 대상이기 때문에 당연한 일이다. 말 또한 마찬가지이다.

어떤 나라든지 방언이 존재한다. 거대한 중국은 아예 서로 말이 통하지 않을 정도이고 우리나라도 제주도 같이 오랜 시간 교류가 적었던 지역의 방언은 문법만 같을 뿐 거의 외국어처럼 들린다. 게다가 그 방언이라는 것은 나름대로의 역사성을 통해 변천을 거듭한 것이라 지역 고유의 문화와 정서가 반영되어있다. 이를테면 조상의 경험이 반영된 언어라는 것이다.

그렇기 때문에 우리는 상대가 방언을 쓰면 이 사람은 어디 방언을 사용하니 어떤 성격일 테고 어떤 화제를 싫어하겠구나 라는 경험적인 정보를 얻을 수 있다. 가령 전남 방언을 쓰는 사람에게는 5·18과 전두환이 각별히 조심해야 할 대화 주제이고, 경북 사람에게는 박정희에 대한 평가를 대화 주제로 꺼내기에 매우 꺼려지는 식으로 말이다.

어릴 때 매우 서럽고 아플 때 울면서 엄마를 목놓아 찾은 경험이 누구나 있을 것이다. 엄마란 우리의 고향이며 가장 안전하다고 느끼는 대상이기 때문에 당연한 일이다. 말 또한 마찬가지이다. 아무리 표준어를 배우고 익혔더라도, 외국에서 오랜 생활을 살아왔더라도 태아적부터 들어왔고 자연적으로 습득한 고향의 방언은 무엇보다도 따뜻하고 안전하게 보호받던 어린 시절의 감정이 남아있는 언어적 고향인 셈이다.

그런데 요즘은 정보통신의 발달로 하루가 멀다하고 신조어와 외국어가 쏟아지고 있다. 과학기술의 방면에서는 지난 수천 년의 발전보다 지난 백년의 발전이 더욱 빨랐고, 지난 백 년

보다 지난 십 년의 발전이 더욱 가파르다고 하는데, 언어의 변화 또한 그러한 것이 아닌가 하는 생각이다.

언제부터인가 뉴스에서는 '팩트'라는 말을 많이 쓰기 시작했다. 시작은 인터넷의 일부 사용자들이었으나, 점차 인터넷 논객을 거쳐 뉴스까지 점령하고 말았다. 이미 우리는 '검증된 사실'이라는 용어를 사용하고 있었는데 말이다. 개인적으로는 우리나라에서는 영어를 조선시대의 중국어마냥 상국이 쓰는 '고급언어'라는 인식이 있기 때문에, '고급언어'를 사용하면 조금이나마 지적이고 신빙성 있어 보이지 않을까 하는 노림수가 있는 것은 아닌가 생각한다. 그런데 누구보다도 우리말의 표준이 되어야 할 뉴스기자, 앵커들마저 팩트를 표준어인 양 남발하니 그들의 무신경함에 내가 절로 창피할 일이다.

내 나이가 그렇게 많은 것이 아니지만 10대, 20대들이 사용하는 용어를 모아놓았다는 표를 보면 태반은 본 적조차 없는 용어들이 자리잡고 있다. 언어의 변화속도가 가속됨이 곧 세대 분화의 가속으로 이어지는 것이다. 어쩌면 미래에는 지나간 세대에게 젊은 세대의 언어를 가르치는, 혹은 그 반대의 경우의 학원이 생길지도 모를 일이다.

최근 인터넷서점에서 8년간 구매한 내역을 확인해보았다. 8년간 255권을 구매했는데, 1년에 32권, 한 달에 두세권에 불과한 수준이었다. 그런데 놀랍게도 이정도 구매량이 20대 상위 2%에 속한다고 하니 놀라울 수 밖에 없었다. 심지어 가입한 회원만을 대상으로한 통계이니 책에 관심이 없어 가입하지 않은 사람들을 더한다면 심각하게 책을 읽지 않는다고 볼 수 있다. 책이 지성의 절대적인 기준이 될 수는 없지만, 다독하면 어느 정도 지식의 폭이 넓어지고 지성의 성장이 이루어진다는 것은 부정할 자가 없다. 그런데 과연 이렇게도 책을 읽지 않는 10대, 20대 사이에서 생겨난 신조어들이 과연 듣는 상대에게 긍정적인 정보를 줄 수 있을까? 아마도 가볍고 싸 보이고 철없다는 온갖 부정적인 생각을 하게 만들 것이다.

본제로 돌아가서 다시. 우리는 상대가 사용하는 언어를 통해 보편적인 정보를 습득할 수 있다. 관심사, 성격, 금기, 지적 수준, 지성과 그 외의 것들까지도 말이다. 부모님은 집 밖에서는 표준어에 가까운 말투를 구사하지만 고모, 외삼촌, 할머니 등 가족을 만나면 절로 편안한 사투리로 말투가 바뀐다. 가족이 고향을 연상시킬 정도로 아늑한 대상이기 때문일 것이다.

이 시대의 젊은 세대는 나이 들어 형제를 만났을 때, 과연 어떤 말투를 사용할까? 그들이 사용하는 고향의 언어는 어떤 형태일까 고민해봐야 할 일이다.

전통과 추억

우리는 조선시대 가옥을 우리 전통가옥이라며 보고 배우고 자랐는데, 다음 세기의 우리 후예들은 우리 세기의 무엇을 보고 전통가옥이라고 배우며 자랄까?

세 시간가량, 광주에서 이천을 향해 운전하면서 수많은 건축물을 보았다. 주택, 아파트, 아파트, 아파트, 아파트, 빌라, 빌딩, 빌딩, 빌딩, 빌딩. 오직 네모반듯 콘크리트 건축물들 뿐이었다. 정부와 TV에 나오는 온갖 전문가라는 사람들은 우리나라의 미래성장동력을 확보하기 위해서는, 국가브랜드 재고를 위해서는 문화 콘텐츠의 개발이 중요하다고 한결같이 입을 모아 외친다. 그러면서도 정작 역사와 전통이라는 훌륭한 문화적 차별성을 지닌 우리 옛것에 관한 관심은 적은 듯하다.

각박하고 숨 가쁜 일상을 살다 보면 문득 가끔 '그 사람은 어떻게 지내고 있을까? 보고 싶다' 정도로 스쳐 가는 얼굴들이 있다. 그리고 간혹 생각만 할 때는 감정이 잘 느껴지지 않지만, 막상 정말로 만나게 된다면 나도 모르던 감정들이 화수분처럼 솟아오르는 그런 사람들이 있다.

TV 방송을 기획하는 사람들은 그것을 경험적으로 잘 알기 때문에 식상하지 않을법한 사람의 정석적인 이야기를 방송으로 만든다. 그리고 시청자는 출연자의 감정에 공감하고 같이 눈물을 흘리게 되고 말이다. 방송을 보면서 생각한다. '그렇게 보고 싶었으면 평소에 찾아보지' 하지만 그런 생각을 하는 우리도 알고 있다. 각박하고 숨 가쁜 일상을 살다 보면 그게 쉽지만은 않다는 것을. 그리고 쉽지 않기 때문에 옛 시절의 사람과 만나는 것이 눈물을 흘리게 한다는 것을.

우리가 고향을 기억하고 어린 시절을 추억하며 감상에 젖는 것 또한 그러하다고 생각한다. 어린 시절 내가 알던 고향에 성인이 되어 찾아가 보면 이미 세상에 남아있지 않다. 여러 이유로 국가나 사기업이 나서서 '재개발'을 하기 때문이다. 삼대가 살아온 집이 재개발지역으로 포함되어 일괄적으로 불도저에 쓸려나가고 할아버지가 증조할아버지를 기다리고 아버지가 할아버지를 기다리던 산길은 아스콘으로 신작로가 뚫려 과거의 모습을 잃어버리기를 반복한 지 반세기다.

우리는 여전히 현관에서 신발을 벗고 집에 들어가고 이부자리를 펼치고 잠자리에 든다. 금속으로 된 적당한 길이의 수저로 식사를 하고, 손윗사람을 만나면 고개를 숙여 인사를 한다. 과거에서 현재로 이어져 내려오는 우리 역사의 흔적이다.

내가 이천으로 올라가며 세 시간 동안 본 풍경에 우리 전통은 없었다. 건물 하나 똑 떼어 어느 나라 대도시에 붙여놓아도 위화감이 없을 정도로 문화적으로 흔하고 무가치해 보였다.

그러면서 한 가지 쓸데없는 걱정이 더 생겼다. 대학 시절에 중세국어를 배우면서 너무나도 많은 정체불명의 용어들이 생멸을 거듭하고 있어서 현재를 사는 우리도 정신을 차릴 수 없는데 다음 세기에는 언어의 변천 과정을 어떻게 연구해야 할까?라는 걱정을 했는데, 우리는 조선 시대 가옥을 우리 전통가옥이라며 보고 배우고 자랐는데, 다음 세기의 우리 후예들은 우리 세기의 무엇을 보고 전통가옥이라고 배우며 자랄까?라고 말이다.

물론 수도권에 인구가 과다하게 밀집되면서 금보다 비싼 땅에 조금이라도 더 주거공간을 많이 확보하려는 노력이 수많은 아파트와 빌딩을 양산해낸 현대사의 경제적 논리는 충분히 인지하고 있다.

하지만 인구 분산을 시도하여 전통가옥의 흔적을 남기려는 노력보다도 밀집된 인구에게 제공하는 상품으로서의 가옥을 늘려가는 행태가 불편하게 느껴지는 것만은 어쩔 수가 없었다.

어린 시절 미묘하게 울퉁불퉁한 방바닥에서 구슬을 굴리고 대청마루에 발을 내리고 앉아 올라타는 강아지들과 발장난을 치던 추억들을 이야기했을 때 내 근접 세대는 '시골집'의 이미지를 가지고 있어서 쉽게 공감하고 추억을 함께 공유할 수 있다. 하지만 21세기의 중반에 접어들었을 때도 가능한 일일까? 언젠가 지금 세기의 이야기들을 이해하기 위해서 전통가옥의 구조에 관한 사전지식 공부가 필요하게 될지도 모른다.

전통, 공감할 수 있는 추억은 점점 단절되어가고 있다. 산사태 같다는 느낌이 든다. 이제는 돌이킬 수 없는 지점에 이르고 말았다.

꿈과 비전, 현재

나는 꿈과 장래희망을 가지고 국어교육과에 들어왔는데
이제는 비전을 가져야 한다며 너의 비전은 무엇이냐고 다그치니
내가 모르는 것이 너무 많은데 세상이 요구하는 것도
너무 많구나라고 생각했다.

초등학교에 다니던 어린 시절, 학교에서는 예쁜 꽃이 그려진 색지를 나눠주며 꿈을 적고 꽃모양을 따라 오려서 제출하라고 하였다. 대통령을 쓴 친구도 있었고 국회의원, 의사, 변호사, 목사 등 선생님이 부연설명을 하지 않아도 우리는 이 '꿈'이라는 것이 어제 자던 중 보고 들었던 무언가가 아니라 장래에 가지고 싶은 직업을 말하는 것이라는 것을 이해하고 맞춰서 쓴 것이다.

이처럼 우리는 어려서부터 장래에 어떤 직업을 가지고 싶은지에 대해 질문을 받는다. 하지만 아쉽게도 묻기만 하지, 어떻게 해야 그 직업을 가질 수 있는지에 대한 지도는 없었던 것 같다. 그나마도 초등학교 저학년 때에는 장래희망을 묻던 것을 고학년, 중학교에 들어서면서는 들어보지 못했다. 희망 중학교, 희망 고등학교와 내 성적에서 지원 가능한 계열에 대한 상담이 있었을 뿐이다.

나는 장래희망이 명확하지 않았다. 그저 책을 무한히 읽을 수 있는 환경을 원할 뿐이었다. 지금도 마찬가지이다. 서점에 가면 마음이 편해지고 한 권씩 집어들 때마다 신나고 책장에 다 읽은 책을 한 권씩 꽂아넣을 때마다 만족스러웠다. 물론 불만과 후회가 가득했던 책도 있었지만 대부분은 만족스러웠다. 그래서일까? 수능을 마치고 어디로 진학할 것인지를 상담할 때 중등학교 국어교사가 될 수 있는 사범대학으로 원서를 쓰겠다고 하였다. 대학 면접 때에도 왜 지원했느냐는 면접관의 질문에 대한민국 누구나 알 수 있는 작가를 키워낼만한 교사가 되고 싶어서 왔다라고 하였다. 대단한 작가의 스승이 항상 대단한 작가는 아니었지만 글을 많이 읽고 쓸 줄 아는 사람인 것은 당연하니 그럴싸한 답변이었다고 생각한다.

대학에 왔을 즘부터는 '비전'이라는 말을 많이 들었다. 혹은 '뷰'라는 용어를 사용하기도 하였다. '전망'을 뜻하는 영어 단어를 가져와 그대로 치환한 것이다. 요즘은 고유명사화되어 누구나 사용하는 용어이지만 처음 들었던 새내기 때에는 매우 생소하고 어색한 느낌이었다. 나는 꿈과 장래희망을 가지고 국어교육과에 들어왔는데 이제는 비전을 가져야 한다며 너의 비전은 무엇이냐고 다그치니 내가 모르는 것이 너무 많은데 세상이 요구하는 것도 너무 많구나라고 생각했다.

결과적으로 그때 그 강사가 가지기를 요구했던 '비전'이 내게는 필요했던 것이라는 것을 뒤늦게야 깨달았다. 나를 거울에 비춰보면 글을 비판적으로 쓸 줄 안다지만 빼어난 것이 아니고 섣부르게 판단하지 않고 다방면으로 알아보고 신중하게 판단한다지만 경험이 너무 적어 속도가 늦다. 그 탓에 이미 판이 벌어진 후에야 파악하고 뒤쫓기 일쑤였다. 대학에 들어가던 때 가졌던 장래희망도 너무나 멀어졌다. 공익근무를 하며 '신체장애로 학업을 이수하지 못한 사람들에게 언해를 가르칠 수 있으면 보람차겠다'고 생각했을 때 어떻게 하면 자격을 갖추고 일을 할 수 있을지 알아봤어야했지만 그렇지 못했다. 변화 없는 쳇바퀴같은 삶에도 지루해하지 않고 활동적이지 않지만 남 살피기를 좋아하니 공무원이 되면 그것 또한 보람찰 것이라고 생각했을 때 노력을 쏟아부어 일로정진했어야 했지만 혹시 다른 방법이 생기지 않을까 망상 해버릇한 것 또한 현재에 이른 크나큰 패착이다.

지금 와서 비전이라는 단어를 처음 들었을 때 진지하고 명확하게 비전을 밝혀봤어야 했다고 후회해봤자 속만 탈 뿐이다. 단지, 지금은 비전이 필요한 것이 아니라 현재의 노력과 집중력만이 내 연료가 되어야 한다고 깨달았을 뿐이다.

말의 품격

사회는 언제나 말로 가득 차 있고, 말이 없는 곳은
인간이 존재하지 않는 오지 뿐이며, 그러한 오지를 찾아간들 역시
내가 있기 때문에 말이 없는 곳이 아니게 된다.

중요한 정보를 기억하기 위해서 입으로 몇 번이고 되뇐 기억이 누구에게나 있을 것이다. 입으로 말하고 귀로 다시 들으니 암기하는데 꽤나 효과가 좋기 때문이다. 그래서일까? 『말의 품격』이라는 책의 저자는 "사람의 입에서 태어난 말은 입 밖으로 나오는 순간 그냥 흩어지지 않는다. 돌고 돌아 어느새 말을 내뱉은 삶의 귀와 몸으로 다시 스며든다"고 주장한다.

나는 달변이 아니다. 오히려 눌변에 가깝다. 대화에 몰입하면 달변가가 될 때도 있지만 일상의 여러 대화상황에서는 말이 늦고 단어선택에 어려움을 겪고, 상대가 치고 들어오면 반박보다도 상대에게 귀를 기울이다 대화 주제가 바뀌는 경우가 빈번하다.

이런 나의 대화태도가 왜 자리잡았는지는 나도 알 수 없다. 다만 영향을 끼쳤을 몇 가지 단서를 짐작할 뿐이다. 첫째로 성격, 둘째로 습관, 셋째로 어린 시절의 사건들이 단서가 되리라 짐작한다.

나는 꽤나 고집이 세고 선을 명확히 하려는 기질을 가지고 있다. 세워진 기준과 원리원칙을 고집하고 선을 넘는 상황을 이해하기 어려워하는 것이다. 때문에 내가 아는 바가 없어서 기준을 세울 수 없는 상황에 답답해하고 알 법한 이에게 꼬치꼬치 캐물어서 상대가 귀찮아하게 만들 때도 있다.

그러면서도 상대의 눈치를 꽤 보는데, 상대가 듣기 싫어할 말과 표현을 탐색하고 금기시하려고 한다. 이는 내 성격과 어릴 적의 사건이 복합적으로 영향을 끼친 습관이라고 생각한다. 어린 시절 '웃으라고 한 말에 초상난다'는 속담과 같이 농담으로 한 말에 친구를 잃은 한 번의 경험이 아직도 화인으로 남아있기 때문이다. 아직도 그 때 한 번만 말을 참았다면 아직도 좋은 친구로 남아있지 않았을까 하는 후회가 남아있다. 그래서 상대를 탐색하는 것이다. 이 사람은 어디 출신이고 주 관심사가 어느 것인데 어떤 인물을 싫어하고……. 탐색이 인간관계에서 끝없이 계속되니 자연스레 말을 할 때마다 단어선택이 늦고 눌변이 된다. 그래서 내뱉기 전에 검열하고 편집할 시간이 있는 글이 편하다고 느끼곤 한다.

어쩌면 태생적으로 수다쟁이가 될 수 있었고, 어린 시절에는 꽤 수다쟁이였던 것 같은데 성장과정에서의 경험이 습관을 만들어서 수다를 억누른 것일지도 모르겠다.

『말의 품격』 서문에서 저자는 품(品)이라는 한자를 입 구(口)가 세 개 모인 형상이므로 말이 쌓이고 쌓여 한 사람의 품성이 되었다고 주장하며 이 책을 통해 소중한 사람에게 조금 더 다가갈 수 있게 되기를 소망한다고 기원한다. 책의 내용 또한 화법보다도 태도에 대해서 고개를 끄덕일만한 여러 일화를 소개하는 형태가 많다.

사실 이 책의 내용은 전혀 새로울 것도 없고 모두 아는 지침뿐이다. 대체로 지는 것이 이기는 것이다, 잘 듣는 사람이 좋다, 상대의 비수 담긴 말에 상처받지 않는 심지가 있어야 한다

등등 어릴 적부터 늘 들어오던 내용들이 대다수이다.

우리 속담에도 유독 말에 관한 것이 많다. 그중에서도 앞서 적었던 '웃으라고 한 말에 초상난다'와 같이 내게는 가볍고 의미 없는 말이 상대에게는 비수가 되어 꽂힐 수 있음을 경계하라는 경계를 담은 것이 많은 것은 과거 우리 조상들도 비슷한 경험을 많이 겪었음을 짐작케 한다.

이 책과 속담들은 모두 새로울 것 없는 사실들을 전달하고 있다. 하지만 처음에 적었듯이 우리는 중요한 정보를 외울 때는 입으로 몇 번이고 되뇐다. 아는 것을 몇 번이고 되뇔 때 행동에 베어들어 습관이 되는 것이다.

나는 무언가를 설명하거나 주장할 때 자주 '결론부터 간결하게'라는 말을 듣는다. 최대한 친절하게 말하려는 습관이 듣는 상대를 매우 불편하게 만드는 것이다. 나는 상대를 설득시키기 위해서 중립적인 발제문을 밝히고 한두가지 사례나 전문가의 발언을 인용한 후 나의 주장을 말하는 전략을 사용한다. 무거운 대화라면 상대도 집중하고 있기 때문에 이해할 수 있지만 가벼운 대화에서는 집중력이 필요하기 때문에 피곤하다고 한다.

그래서 글을 쓰는 것이 편하다. 글은 모두에게 이익이다. 저자는 교정된 깔끔한 주장을 상대에게 내보일 수 있고, 독자는 저자의 글을 차근차근 검증해가며 판단할 수 있기 때문이다.

이러한 나의 선호와는 관계없이 우리는 압도적으로 대화를 많이 한다. 요즘은 카카오톡이나 페이스북 메시지 등 SNS메신저를 통한 대화가 많으므로 말보다 글을 많이 쓰지 않느냐고 반문할 수도 있겠지만 그 또한 정제되지 않은 입의 언어가 실시간으로 전달된다는 점에서 말과 그리 다르지 않다고 생각한다.

사회는 언제나 말로 가득 차 있고, 말이 없는 곳은 인간이 존재하지 않는 오지 뿐이며, 그러한 오지를 찾아간들 역시 내가 있기 때문에 말이 없는 곳이 아니게 된다. 때문에 말을 다듬고 태도를 가지런히하려는 노력은 언제까지나 계속되어야 할 것이다. 이것이 내가 언제까지고 눌변인 채로 있는 변명일지도 모르겠다.

인문학의 시대

인간의 정체성이 바뀐다면 인문학적 상상력도 바뀌게 될까?
아마도 그러할 것이다. 하지만 디테일의 변화일 뿐
핵심은 여전할 것이다.
인문학은 인간 본질의 정수를 탐구하는 학문이기 때문이다.

1990년 2월 보이저 1호는 명왕성을 지나 태양계의 끝에서 고개를 돌려 지구를 촬영했다. 칼 세이건의 제안에 의해 한 장의 사진이 남았다. 놀랍도록 서정적인 감성의 천문학자. 「창백한 푸른 점」을 다룬 다큐멘터리에서 칼 세이건이라는 인물을 처음 알게 되었을 때의 첫인상이었다.

그는 0.12픽셀에 불과하게 촬영된 지구사진을 두고 'Pale blue Dot'이라고 칭한다. 어느 누구나 아름다운 지구라고 말하는 모행성을 두고 '창백한 푸른 점'이라며 인간사에 있었던 모든 희노애락과 부귀영화 등을 '태양광에 걸쳐있는 저 티끌 같은 작은 점' 속에서 벌어진 일이라고 말한다.

나는 중학생 때 베르나르 베르베르의 『개미』라는 소설을 참 인상 깊게 읽었다. 개미는 개미의 생김이 있고 인간은 인간의 생김이 있는데 왜 개미가 인간처럼 사고하는가 하는 소설적 허구에 대한 의문에서부터 저 작은 개미가 지구라는 개념을 인지하게 되면 어떻게 될까? 같은 상상적 궁금증까지 여러 가지로 생각할 거리를 많이 던져준 소설이었다.

화성의 하늘이 분홍빛이 난다고 하여 기자들이 야유를 퍼부었다는 칼 세이건의 일화나 누가 봐도 백인인데 유전자검사를 해보니 나이지리아 핏줄이 섞였다하여 인종차별을 당했다는 미국 경찰의 이야기들은 다름을 거부하려는 보수적 성향이 누구에게나 있음을 깨닫게 해준다. 어느 미래에 인간이 우주를 본격적으로 개척하고 지구 밖으로 뛰쳐나가게 될 때에 우리는 지구 출신과 우주 출신이 적대하지 않을 것이라고 확신할 수 있을까?

생각해볼만한 주제라고 생각한다. 현재는 인류가 지구에 묶여있기 때문에 인구밀도가 갈수록 높아지고 불편해도 서로 협의하고 맞춰나가려는 노력을 한다. 그런데 우주로 나가서 밀도가 낮아지고 개인주의화가 가속된다면 어떻게 될까? 굳이 상대와 틀어지더라도 다른 우주로 떠나면 되니 관계를 개선하려는 노력이 적어질지도 모른다. 오지도 않은 미래에 대한 비실용적이고 불필요한 걱정일지도 모른다. 하지만 인간은 원래 만약을 대비하는 동물이지 않은가.

인류가 우주로 진출한 미래를 다룬 SF창작물은 꽤 많다. 개중에 유명한 작품을 꼽아보면 일본의 로봇만화 건담 시리즈는 우주 출신의 인류와 지구 출신의 인류간의 대립을 주제로 한 작품이고 미국의 보드게임에서 시작한 워해머 시리즈는 여러 은하를 개척한 인류가 여러 외계 종족들과 대립을 주제로 하는데, 기술의 손실로 인해 인류간의 교류가 단절되는 스토리가 존재한다. 일반 대중들도 우주시대에 인류간 대립이 발생하거나 기술의 손실로 단절되는 스토리가 가능성이 있는 미래라고 납득하기 때문에 작품의 팬층이 두터운 것이라고 볼 수 있다.

흔하게 듣는 표현이지만, '인문학적 상상력'이라는 것이 참 중요하다는 생각이 새삼스럽게 든다. 인문학적 상상력이란 간단히 말해서 사람을 먼저 생각하는 마음가짐이다. 요즘 사회는 초고속으로 변화해가고 있으며 변화를 이끄는 것은 기술과 상상력의 실현이다.

최근 수년간 4차 산업혁명이라는 말을 자주 들었다. 2016년 다보스 포럼에서 4차 산업혁명의 특징으로 진행 속도가 기하급수적이며 범위가 포괄적이고, 영향이 전반적일 것이라고 했다. 또한 인간의 정체성을 바꾸게 될 것이라고 하였다. 왜일까?

4차 산업혁명의 핵심으로 디지털, 생명, 인공지능을 주로 거론하지만 나는 여기에 서비스를 추가하고 싶다. 오히려 서비스가 가장 중심적인 견인차가 아닐까 싶다. 서비스는 받는 대상이 명확하다. 바로 사람이다. 최근 서비스업으로 떠오르는 공유경제산업, 우버, 에어비엔비 등은 차와 집이라는 소유물에 대한 개념을 일부 바꾸었다. 전자통신기술의 활용도 바꾸었다. 이제 시작인데 우리가 가졌던 사회통념을 하나 둘 바꿔가고 있는 것이다. 언젠가는 정말로 인간의 정체성에 변화를 주는 때가 올지도 모른다.

기술이 발전할수록 제조업에서 인간이 설 자리는 계속해서 줄어들 수밖에 없다. 하지만 제조업 또한 최종적으로는 수혜받을 인간이 있어야 존립할 수 있으므로 기술적 영역이 아닌 가치중심적인 영역으로 인간의 노동영역이 옮겨가는 것이고 그 대상이 현재는 서비스업이 되는 것이다. 그러므로 서비스업은 인간의 정체성이 변화하는 4차 산업혁명의 주 무대가 될 것이며 인문학적 상상력이 대단히 중요해질 것이다.

그렇다면 인간의 정체성이 바뀐다면 인문학적 상상력도 바뀌게 될까? 아마도 그러할 것이다. 하지만 디테일의 변화일 뿐 핵심은 여전할 것이다. 인문학은 인간 본질의 정수를 탐구하는 학문이기 때문이다. 칼 세이건이 0.12픽셀의 지구를 보고 '창백한 푸른 점'이라고 이름 붙였을 때 참 신선했다. 신선하지 못한 비유가 시적 언어가 아니라 관용구가 되었듯 칼 세이건의 저 비유가 신선하지 못하게 됐을 때 역시 지금과는 전혀 다른 인간의 정체성을 지니게 될까?

변하는 것, 변하지 않는 것

변하는 것과 변하지 않는 것이 있다. 예술도 그러하다.
어느 때나 미를 추구한다는 사실은 변하지 않는 것이고,
미를 추구하는 방법과 결과물이 변하는 것에 속한다.

수년 전 TV프로그램 《골목식당》에 출연한 홍탁집 모자를 두고 여러 사람들이 말했다. 아들을 향해서 '사람은 고쳐쓰는 것이 아니다', '근본은 변하지 않는다'라고. 지금 돌아보면 그 말들은 모두 틀린 말이 되었다. 나는 사람은 근본적으로 선하지도 악하지도 않은 존재이지만, 쉽게 악해질 수 있고 선해지기는 어렵다고 여긴다. 그렇기 때문에 나 역시 홍탁집 아들의 변화 가능성을 불신한 대다수 부류 중의 하나였고 간혹 그의 근황을 보고 들을 때마다 새삼스레 놀라움을 느낀다.

『광고로 읽는 미술사』라는 책의 서문에서 '순수 예술이라는 말 자체가 성립이 될 수 없다. 예술은 처음부터 상업적이며 처음부터 끝까지 사회적이다.'라고 주장하는 부분을 읽으며 일부의 큰 공감과 하나의 의문을 갖게 되었다. 인간은 목적 없는 행동을 하지 않는다. 누군가가 보기에 의미 없이 시간을 허비하는 것 같이 보이는 모습도 합리성의 여부와는 관계없이 당사자에게는 나름대로의 의도가 만들어낸 행동이다. 즉 모든 행위는 복합적인 요인에 영향을 받은 인간이 의도를 가지고 빚어낸다는 의미이다.

인간사는 투쟁의 역사이다. 우리의 직계선조인 호모 사피엔스는 네안데르탈이니 에렉투스니 하는 여러 인간종(人間種)과 투쟁하여 꺾어내고 살아남았고, 외부의 위협에서 보호받고자 부족국가를 형성했고, 자유를 쟁취하고자 왕을 끌어내렸고, 침략자에게서 조상의 토지를 되찾고자 독립투쟁을 했고, 다른

이념과 싸우고, 이익을 위해 여전히 싸우고 있다. 모든 생명이 그러하듯 인간 또한 투쟁으로 시작하여 투쟁이 끝없이 영속되고 있는 것이다.

투쟁의 최소목표는 생존이다. 그리고 종의 보전이다. 광고 또한 마찬가지이다. 광고는 목적이 분명하다. 알리는 것. 최대한 많은 사람에게 알려질수록 광고대상은 생존하기 유리해진다. 관광지라면 관광객이 늘 것이고 상품이라면 잘 팔릴 것이다. 우리가 약국에서 다른 두통약보다도 우선 타이레놀부터 찾는 이유이기도 하다. 결국 광고는 여러 유사종들과의 투쟁인 것이다.

광고들 중에서는 명화를 패러디하거나 오마주한 것이 또 많다. 『광고로 읽는 미술사』에서 예시로 든 레오나르도 다빈치의 「최후의 만찬」의 경우 수많은 모작과 아류작들이 넘쳐나는데, 현대로 올수록 식탁 위의 그릇이 커지고 음식이 풍요로워지는 경향이 있다고 한다. 역사적, 경제학적으로 보았을 때 식량생산이 증대하고 물류가 발전한 영향이라고 이야기할 수 있다.

「최후의 만찬」의 구도는 책에서 다룬 여러 음식 프로그램의 광고 뿐만 아니라 영화 포스터, 의류광고에도 빈번하게 쓰이고 있다. 어떻게 본다면 정면을 바라보는 여러 사람을 가장 역동적으로 나타낼 수 있으니 주목받는 것이 곧 이익인 연예인, 배우 등은 광고를 선택할 때 등이 보이는 것보다 이렇게 얼굴이 나오는 모습을 선호한 게 아닌가 하는 생각도 얼핏 든다.

2015년에 개봉한『이웃집에 신이 산다』라는 영화의 포스터 역시「최후의 만찬」을 패러디한 것인데,「최후의 만찬」원화의 이곳저곳에 영화 등장인물을 어색하지 않게 배치하여 천지창조하려는 '신'과 한 가지씩 소원을 가진 여섯 '사도들'이라는 영화의 배경이 자연스럽게 드러나면서도 발칙하고 도발적인 풍자적 느낌이 호기심을 살살 유발한다.

여러 예술작품을 보고 있자면 미의 기준이 다채롭게 변화했다는 것이다. 그리고 현대에도 지역에 따라 차이가 있다. 몇 년 전 레딧이라는 외국 사이트를 이용하는 어느 누리꾼이 한 여성의 사진을 두고 세계 여러 나라의 디자이너들에게 미형으로 보정을 해달라고 요청하는 일이 있었다. 전 세계가 매우 발달한 통신으로 연결되어있고, 심지어 한 사이트 내에서 활동하는 사람들임에도 불구하고 국가별로 미형에 대한 기준이 얼마나 상이한지를 알 수 있는 사례였다. 상이한 결과물들이 제출되었지만, 그것들은 모두 미형으로 보정하겠다는 한 가지 목적의 결과물이었다.

변하는 것과 변하지 않는 것이 있다. 예술도 그러하다. 어느 때나 미를 추구한다는 사실은 변하지 않는 것이고, 미를 추구하는 방법과 결과물이 변하는 것에 속한다. 미술작품의 미적 가치를 서사적 지식으로 탐구하는 시도와 미술작품만으로 가치를 탐구하려는 시도가 함께 있는 것처럼, 시나 소설을 작가의 삶이라는 서사와 함께 이해하려는 시도와 문학작품 자체로 문학적 가치를 찾으려는 시도가 함께 있는 것과 맥락이 유사하다.

예술은 끊임없이 방법과 결과물을 변화시켜왔다. 말은 주문이 되었고 기도가 되었고 시와 노래가 되었으며 벽화는 글과 그림이 되었고 회화와 문학이 되었고 굿은 춤과 무용, 토템은 조형예술로 발전했다. 인간의 행위에서 비롯된 하나하나가 둘과 셋 넷 여럿으로 분화하여온 것이다. 현대에 이르러서는 도로 뭉쳐 상호작용함과 행위함을 통해서 경계가 모호한 예술 갈래가 형성되기 시작했다. 백남준으로 대표되는 미디어아트도 그 일부일 것이다.

현실의 진화, 예술의 진화

사랑이라는 개인사적 감정을 드러내는 것이
더 이상 소중히 감추어야할 것이 아니라 드러내고
과시할만한 자랑거리가 된 것 같기도 하고,
쉽게 만나고 쉽게 헤어질 수 있는 소모품처럼 여겨지는 것 같기도 하다.

오랫동안 '현실'이라는 말은 실제로 존재하는 것을 의미했다. 그런데 최근에 와서는 이 현실이라는 말 앞에 몇 가지 접두사가 붙기 시작했다. '가상현실', '증강현실'이 그것이다. 가상현실이란 컴퓨터 메모리상에 구축한 가상의 세계를 말하는 것이고, 증강현실은 익히 알고 있는 현실에 전자정보를 추가적으로 덧붙인 것을 말하는데, 이 모두 IT기술의 발달을 통해 최근에 실용성이 입증된 것들이다.

증강현실과 가상현실은 대부분의 환경에서 여러 사람의 삶의 질을 향상시키기 위해 활용된다. 현실의 모든 물리법칙이 적용된 가상세계에서의 시뮬레이션을 통해 물리적 한계로 어려운 과학실험을 반복하고, 색맹이 세계를 더 다채로운 색으로 구분해서 볼 수 있도록 시야를 증강해주고, 여러 경험의 접근성을 개선시켜준다.

인터넷이 처음 확산되기 시작했을 때, 많은 사람이 인터넷은 국가도 종교도 인종도 성별도 없는 완전평등한 민주주의의 장이 펼쳐질 토양이 될 것이라고 기대했다. 하지만 현재에 이르러 인터넷은 국가, 종교, 인종, 성별의 전쟁이 확전되고 심화되는 끝없는 전쟁터가 되고 말았다. 혹자는 인터넷의 익명성이 이러한 차별적 범죄를 양산한다며 실명제를 주장하기도 하지만, 내 견해는 다르다. 인터넷이라는 가상공간이 수많은 사람에게 충분히 현실적인 무게를 체감시키지 못하는 놀이터에 불과하게 느껴지기 때문에 현실이었다면 한번 더 생각해봤을 말을 쉽게 내뱉고 퍼뜨리는 것이라고 생각한다.

예술은 경험을 나눈다. 같은 경험을 백명의 사람이 백한 가지로 인지하는 것이 인간이라고 나는 생각한다. 같은 영화를 보고도 누군가는 실망하고, 누군가는 쾌감을 느끼고, 누군가는 감독의 전작을 찾아보고, 누군가는 주연배우의 전작을 찾아본다. 홀로 조용히 게임을 즐기는 것을 선호하는 사람이 있고, 여러 사람과 경쟁하고 협력하며 파티처럼 즐기는 것을 선호하는 사람이 있다. 시간을 즐겁게 보내기 위해 소설을 읽는 사람이 있고, 분석적으로 읽으며 마치 머릿 속에 시뮬레이션하듯 소설을 읽는 독자도 있다.

이미 이루어진 역사를 두고 매 시대마다 평가가 달라지는 것 또한 여러 개인들이 변해왔기 때문이다. 현대는 그저 그 개인을 제대로 발견한 첫 번째 시대일 뿐이다.

어린 시절 보던 영화나 드라마들에서는 사랑이라는 것이 참 비밀스러웠다. 오직 둘만의 것이지만 모두가 비밀스럽게 하는 것이었다. 그런데 요즘은 조금 다른 것 같다. 두 사람의 사랑을 주변은 모두가 알고 있고 사랑을 방해하려는 사람, 사랑을 관전하며 답답해하거나 대신 행복해하는 사람, 지지하는 사람, 두 사람의 사랑이 공공연해지고 모두의 관심을 끄는 사건이 된 것 같다.

고작 십 수 년 만에 세상이 변한 것이다. 사랑이라는 개인사적 감정은 더 이상 소중히 감추어야할 것이 아니라 드러내고 과시할만한 자랑거리가 된 것 같기도 하고, 쉽게 만나고 쉽게 헤어질 수 있는 소모품처럼 여겨지는 것 같기도 하다. 극에서도 남성의 역할과 여성의 역할이 허물어져서 호들갑떠는 남성과 진중한 여성이 더 이상 낯선 그림은 아니게 되었다. 최소한 성별의 선입견은 상당히 사라졌고, 고전적인 틀에서 벗어나는 다양한 시도들이 인정받을 토양이 마련된 것이다.

요즘 정치인들이나 경제계에서는 규제 철폐를 자주 입에 담는다. 하지만 실제로 규제와 같았던 인식이 하나 둘 허물어져가는 곳은 우리 사회 그 자체, 그리고 예술의 영역이다. 건방진 말일 수도 있겠으나, 고상한 시, 소설, 수필, 클래식음악, 한국화, 서양화, 데생, 건축의 가치에 비해 폄하되던, 하위문화로 묶이는 부류의 문화들이 점차 하위문화라는 이름표를 떼고 예술의 범주로 넘어오고 있다. 어쩌면 예술의 범주가 확장해가고 그 경계가 허물어지고 있는 것일지도 모르겠다.

현실은 점점 그 범주를 넓혀가고 있다. 예술 또한 그 범주를 넓혀가고 있다. 현실은 실존하는 세계뿐만 아니라 실제로 존재하는 것을 보조해주는 정보와 실존하지 않으나 실제로 체험할 수 있는 세계 또한 현실의 범주에 들어서고 있다. 예술은 과거 소설과 영화, 만화가 그러했듯이 여러 하위문화가 예술의 울타리 내로 들어서고 있다. 중앙화는 여전히 무너지지 않고 있으나 점차 분산화가 이루어지고 있으며, 정보는 보편적인 것이 되어간다.

다만 그것을 창작하고 향유할 수 있는 개인들은 여전히 과거에 있다. 집단의 논리에 여전히 일희일비하고 세밀하게 구분하여 차별하던 관습을 버리려 하지 않는다. 우리의 전 세대가 그러했던 것을 비판하며 자라왔으면서 말이다.

세계가 확장하고 있음에도 인간은 불변하는 모순이다.

2

기계는 휴머니즘을 꿈 꾸는가

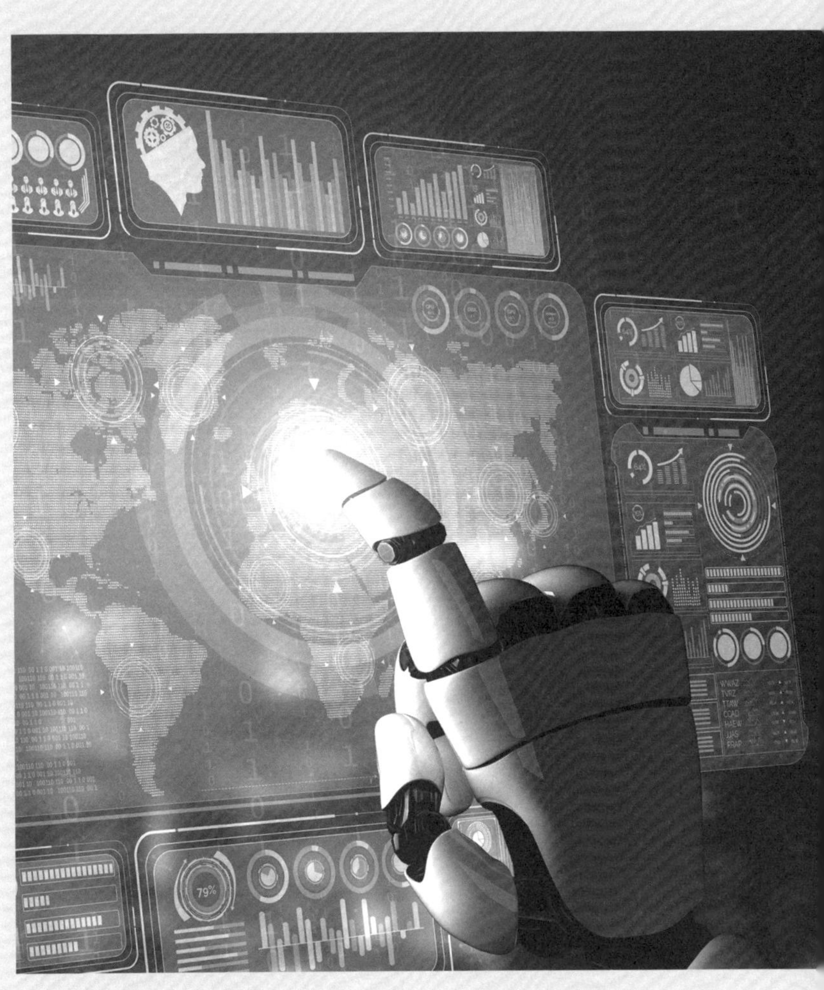

기계는 휴머니즘을 꿈 꾸는가

'인간이란 무엇인가'라는 질문은 '나는 누구인가'라는 질문과 함께한다. 나는 누구인가라는 성찰은 자아의 탐색이다. 내 기억의 처음으로 거슬러 올라가 어떤 삶을 살아왔고, 어떤 경험이 인상 깊었고, 무엇을 잘하고, 어떤 존재이길 원하는지 한번으로 끝나지 않는 무한히 반복되는 탐색의 과정을 거친다.

인간은 언제부터 기계를 만들기 시작했을까? 그리스 신화에서 이카로스는 날개장치를 만들어 태양에 도전한다. 제갈무후가 파촉의 험지를 넘나들며 보급하기 위해 목우와 유마를 만들었다는 기록이 있다.

최초로 도구를 사용한 이래 인간은 환경에 적응하고 환경을 개척하기 위해 더 나은 도구를 갈망해왔다. 어느 때는 전쟁도구, 어느 때는 의약도구, 어느 때는 가사도구, 어느 때는 농사도구. 혹자는 인간사가 전쟁을 통해 발전해왔다고 하지만, 내 생각은 다르다. 전쟁이라는 극한의 불편한 '환경을 개척'하기 위해서 발전한 것이다. 전쟁만큼 불편한 환경이라면 발전한다. 현대사회가 그러하다. 현대사회는 전례가 없을 정도로 복잡하게 모든 인간집단의 모든 이해관계가 얽혀있다. 정치적으로, 경제적으로, 역사적으로, 그 외의 어떤 이유로.

기계장치는 그런 면에서 볼 때 불편함을 해소하는데 아주 제격인 수단이었고, 끊임없는 발전은 필연이었다. 기계장치는 인간 혹은 동물이 동력으로서 제공하는 힘을 보다 효율적으로 활용하기 위한 것이었으나 증기기관이 발명되면서 일대의 혁명을 맞이했다. 기계 동력의 제공자가 인간이 아니라 기계가 된 것이다.

최근 수십 년간 기계는 지속적으로 인간의 일자리를 빼앗아 왔고, 현대에 와서는 인공지능이 급격히 발달하면서 인간만의 전유물이라 여겼던 지적 활동마저도 이제는 기계가 잠식해갈

가능성을 보이고 있다. 2016년, 이세돌 9단이 인공지능 알파고와 다섯 번의 바둑 경기를 치렀다. 1승 4패의 전적을 이야기하려는 것이 아니다. 인공지능이 바둑이라는 지적 놀이문화의 정수를 그만큼 이해하고 수행할 수 있을 정도로 발전한 현 상황을 이야기하는 것이다. 기계의 발전이 특이점을 지나 인공지능이라는 새로운 영역을 개척하고 있는 현재, 우리 인간 또한 특이점을 지나 본질적 가치를 개척해야 한다.

인공지능이라는 기계적 혁신과 더불어 4차 산업혁명의 쌍두마차로 바이오테크놀로지를 꼽는다. 우리의 건강을 책임지는 모든 영역에서의 혁신을 이름붙인 것이다. 3D프린터 등 기술의 발전이 장기기증자만 찾다 때를 놓치던 안타까운 상황을 해소해주리라는 기대와 함께 프린터로 장기를 '찍어내는 미래'가 가시권에 들어오게 되면서 다시 한 번, 인간이란 무엇인가라는 질문이 윤리적 이유로 다시금 대두되고 있다.

인간이란 무엇인가? 이제는 기계도 기억하는 시대이다. 오히려 인간보다도 더욱 객관적이고 정확하고 변질되지 않는 무변의 기억은 인간이 따라갈 수 없다. 심지어 그 기억능력을 통해서 방대한 기억을 쌓고 판단력을 향상시킨다. 이른바 '딥러닝'이다. 그렇게 기억을 통해 어떠한 형태로든 영향을 받고 의사결정을 해낸다. 인간의 자아형성과정과 무엇이 다른가?

감정이다. 인간은 태어나기를 유기체로서 태어났다. 동물이다. 때문에 인공지능이 지니게 될 연역적 이성 외에도 인공지능이 가질 수 없는 감성적 이성 또한 지니고 있다. 기계는 절대로 동정하거나 공감할 수 없다.

'인간이란 무엇인가'라는 질문은 '나는 누구인가'라는 질문과 함께한다. 나는 누구인가라는 성찰은 자아의 탐색이다. 내 기억의 처음으로 거슬러 올라가 어떤 삶을 살아왔고, 어떤 경험이 인상 깊었고, 무엇을 잘하고, 어떤 존재이길 원하는지 한 번으로 끝나지 않는 무한히 반복되는 탐색의 과정을 거친다. 끝내 결과를 내지 못할 수도 있다. 그래서 인간이란 무엇인가를 탐색하고 결론을 낸다. 하지만 광장에 나가 지나는 사람들을 보고 있자면 그 결론은 틀린 결론이 되어서 결국 원점으로 돌아온다.

어릴 때 보았던 영화들 중에서 스티븐 스필버그의 『A.I.』라는 작품이 있다. 사랑할 수 있는 아이 로봇이 인간 '엄마'에게 사랑받고자하는 이야기인데, 수많은 생각거리를 던져주는 잘 만든 영화라고 생각한다. 그 중에서도 내가 가장 꼽고 싶은 하나는 'I am. I was.'라는 선언이다. '나는 살아있다. 살아있었다.' 혹은 '나는 존재한다. 존재했었다.' 어느 쪽이든 로봇이 최후에 할만한 이야기로는 생각되지 않는다. 그럼에도 불구하고 이 대사가 심사를 복잡하게 헤집어놓는 이유는 감정을 가진 로봇이 과연 인간과 다른 것이 무엇인가 하는 의문을 던져주기 때문이다.

영화상에서 등록되지 않은 불법로봇은 폐기되는 것으로 보인다. 감정을 가지게 설계된 로봇이라면 공포 또한 느낄 것인데, 등록번호가 없이 잡히게 된 최후의 순간에 던지는 한마디가 자기 존재의 증명이라니. 기계임에도 잊혀짐을 두려워하는 듯한 인간으로 여길 수밖에 없는 그의 처지에 인간적인 동정과 공감을 하게 되는 것이다.

넓게 본다면 휴머니즘은 '인간다움'을 중요시하는 사상이다. 때문에 현대에 존재하는 인간과 관계된 사상들 중 그 어떤 것도 휴머니즘의 영역에서 벗어나기 어렵고, 철학을 전공하지 않은 일반 대중들이 생각하는 휴머니즘 또한 미묘하게 개인별로 온도차가 있으나, 인간성을 추구한다는 공통점을 가진다. 오직 인간일 수도, 인간 우선일 수도, 인간성을 지닌 모든 것일 수도 있다.

기계가 인간성을 지닌다면 그 기계는 인간으로 대우해줘야 할까? 기계는 기계일 뿐일까? 반대로 인간이 인간성을 갖추지 못한다면 그 인간은 인간으로 대우해줘도 되는 것일까? 인간성은 과연 무엇으로 정의해야하는가?

아직은 실현 가능성이 동떨어져있는 이야기이지만, 인공지능이 발달하여 공상 속에서만 존재하던 안드로이드가 일상에 들어선다면, 인간의 형태를 갖게 된 그들에 의해 인간의 일자리는 더욱 더 줄어들 것이다. 인간의 역사가 늘 그러했듯 빼앗긴 자들은 분노할 것이고 대치할 것이다. 인간성을 지닌 로봇을 인간을 위해 처분할 수 있을까? 콜레라에 걸린 돼지를 살처분 하는 것에는 공중보건이라는 명목을 세울 수 있었지만 로봇의 경우에는 어떤 명분을 세워야할까?

인간이 스스로 인간이라고 자각하고 확신하는 근거는 무엇일까? 단지 인간으로 태어났기 때문에 확신하는 것은 아닐 것이다. 인간사회. 공동체의 소속감이 확신을 주는 것일까? 성장기를 여러 문화적 배경에서 보낸 TCK(Third Culture Kids)들은 어디에서 소속감을 갖고 인간을 정의 내리고 있는 것일까? 한반도 밖을 한 번도 나서본 적 없는 짧은 식견으로는 전혀 감을 잡을 수 없다.

가장 먼 곳에 보이는 가장 가까운 것

인류는 늘 부족한 무언가를 풍족한 다른 무언가로 대체할 수 있도록 노력했고 성공해왔지만 지구만은 여전히 대체해내지 못하고 있다. 인생 또한 마찬가지이다.

이제는 익숙한 마블 영화를 비롯하여, 여러 대중매체에서 다중우주, 멀티버스라는 개념을 활용하는 것이 이제는 당연한 것처럼 여기게 되었다. 게다가 '보편적인 구조와 비슷한 성격을 가진 평행우주들의 집합이지만 사소하거나 결정적인 특정 시간이나 사건마다 우주가 무한히 분화하는' 다중우주라는 활용법 또한 대체로 흡사하다. 즉, 선택에 따라 우주가 분화한다는 것이다.

사람들은 언제나 선택한다. 학창 시절 답을 알지 못하는 객관식 문제부터 진로, 친구 관계, 이직, 이사, 결혼……. 시간이 지나고 예전의 그 선택을 떠올릴 때 만족할 수 있다면 다행이지만 '그때 다른 선택을 했으면 좋았을 텐데'라며 후회하는 경우도 없을 수는 없을 것이다.

나는 이러한 다중우주를 전개하는 방식의 콘텐츠를 즐기다가 문득, 같은 이름과 외모를 가진 멀티버스 A의 주인공과 멀티버스 Z의 주인공은 과연 동일 인물이라고 할 수 있을까? A와 Z는 유전적으로 같은 인물일지라도 수많은 다른 선택과 다른 경험을 해왔으니 정신적으로는 완전히 별개의 인물이라고 간주해야하지 않을까? 하는 생각을 했다. 마치 테세우스의 배와 같은 문제처럼 여겨졌다.

먼 옛날부터 동아시아 문화권에서는 인간의 정신을 두고 우주에 비유하여 소우주라 했다. 인간이 우주의 축소판 혹은 우주의 온갖 요소가 인간에게 있다 하여 소우주라고 한 것인데,

수학에서 이야기하는 프랙탈이라는 현상으로 설명할 수 있다. 나뭇잎의 일부분을 확대해서 본다면 전체와 동일한 모습이 보이고, 그 일부를 또 확대해서 본다면 다시 전체와 동일한 구조가 관측되는 것이 바로 프랙탈인데, 광활한 우주는 어느 곳을 보더라도 우주적인 풍경이고 계속 확대관측하다 보면 결국 인간이 나타난다는 의미라면 인간의 정신이 소우주라는 옛 선조들의 말이 통찰을 담은 말이 아닌가 느껴진다.

칼 세이건의 『코스모스』라는 책을 읽다 보면 때론 철학적이고 때론 감성적인 주제들을 자주 거론한다. 슬쩍 목차를 보더라도 그렇다. '코스모스의 바닷가에서', '여행자가 들려준 이야기', '밤하늘의 등뼈', '시간과 공간을 가르는 여행', '영원의 벼랑 끝' 등 천체물리학자이면서도 명확하고 데이터를 따르는 직설적인 문법 대신 비유적인 표현을 즐겨 쓰고 있다. 저 먼 우주를 평생 관찰하면서 무엇을 본 것일까? 나는 그가 깊은 우주의 먼지 속에서 인간을 보았다고 생각한다.

일전에 성운의 먼지들 사이를 요동치는 벼락을 보다가 문득 인간의 뇌가 떠올랐다. 위에서 이야기했던 마블의 영화 아이언맨의 2편에서 인간의 뇌가 반응하는 모습을 보고 우주냐고 묻는 장면이 등장한만큼 나만의 독특한 감상은 아닐 것이다. 오랜 세월 우주를 연구한 칼 세이건이니 더 많은 것을 보고 많은 것을 직감했을 것이다.

외국인들이 많이 드나드는 버스터미널 근처에서 살았던 적이 있다. 중국인이 많이 사는 지역에서도 얼마간 살았다. 덕분에 평생 본 외국인보다 더 많은 외국인을 단 몇 개월 만에 보았고 여러 지역의 사투리를 듣기도 했다. 광주에서 20년 가까이 생활하고서도 처음 보는 신기한 풍경이다. 그래서 경험에 대해 자주 생각하게 된다. 저녁 무렵 집 앞 편의점 벤치에 자주 보이던 파키스탄인 혹은 인도인으로 보이는 외국인 두 명은 늘 자기들 언어로 맥주 한잔씩 들이키며 떠들었다. 그들은 어떤 삶을 살아왔고 어떤 결심을 했기에 이 먼 타국까지 왔을까? 둘은 어떤 주제로 웃고 떠드는 것일까? 평소 그들은 어떤 생활을 하며 지내고 있을까? 나는 그들이 아니기 때문에 알 수 없다.

저 먼 우주의 풍경을 매일 밤 올려다보면서도 그곳에 무엇이 있고 어떤 과거를 보냈고 지금 어떤 상태인지 그저 올려다보기만 해서는 알 수 없는 것과 마찬가지이다. 그들에게 좀 더 접근하고 서로 탐색하고 아는 사이가 된 이후에야 조심스레 물어보고 들려주고 확인할 수 있는 것도 마찬가지이다. 홀로 고고히 빛나는 태양처럼 스스로 빛나는 존재가 된다면 모두가 알아주리라고 기대하지 말아야 한다. 태양은 그저 온 은하의 모래알같이 많은 별들 중 하나일 뿐이고 그저 우리 가까이 있어서 특별하게 다가올 뿐이라는 사실을 가슴 깊이 새겨야 한다.

온 우주에서 지구가 다시없이 특별한 이유는 내게 필수불가결하기 때문이다. 인류는 늘 부족한 무언가를 풍족한 다른 무언가로 대체할 수 있도록 노력했고 성공해왔지만 지구만은 여전히 대체해내지 못하고 있다. 인생 또한 마찬가지이다. 이 넓은 우주에 오직 하나뿐인 나라는 소우주는 대체가 불가능한 것이다. 하지만 대체가 불가능한 것은 나의 입장에서 일 뿐 인류, 사회라는 관점에서는 수없이 많은 하늘의 별들 중 하나일 뿐이니 지구와 같은 입지를 위해서는 나 스스로 지구 같은 사람이라는 자존감과 노력을 가져야 한다는 진부하지만 명확한 사실만을 다시 확인할 뿐이다.

선을 지킬 때 주어지는 최대한의 자유

상호 간의 자유를 최대한 침해하지 않고, 침해받지 않으리라는 상호 간의 믿음이 싹틀 때야말로 최대한의 자유를 누릴 수 있을 것이다. '이 정도는 괜찮겠지'라며 타인의 자유를 침해하는데 가책을 별로 느끼지 못하는 사회는 자유의 가치가 그 정도로 하찮은 사회이다.

몇 년 전, 주차 문제로 이웃과 얼굴을 붉힌 일이 있었다. 면허를 취득한 이래 주차 문제로 이렇게 골머리를 썩히기는 처음이었다. 대로에 이어진 조금 넓은 골목길에 있는 집으로 이사한 이후로 늘상 집 앞에는 길 좌우로 차가 주차되어있고, 그 때문에 빌라 주차장에 차를 넣고 빼기가 불편했었다. 하루 내 아파트 주변을 관리해주는 경비분들의 노고가 새삼스럽게 다시 느끼게 되는 상황이었다.

물건은 쓰고 나면 원래 있던 자리에 두는 것이 당연하고, 차는 주차장에 대어두는 것이 마땅하고, 여의치 않게 갓길에 주차하게 될 경우 통행에 지장을 주지 않는 위치에 두고 반드시 연락처를 남기는 것을 상식으로 여기던 내게는 모든 비상식이 밀집된 곳이 바로 집 앞 골목이었다.

남의 집 주차장 입구에 차를 대어놓고는 차를 비켜달라는 정중한 전화에 오히려 차를 뺄 수 있는데 왜 귀찮게 하느냐는 적반하장은 이웃 간의 예의라는 것이 무엇인지 혼란스럽게 했고 이후 몇 주간 차를 바꿔가며 고의로 입구를 틀어막는 비상식적이고 몰염치한 행동은 내게 민원이라는 행동을 강요했다.

결국 여러 번의 민원제기를 통해 그 사람의 차를 주차장 입구에서 몰아내는 데는 성공했지만, 그 과정에서 겪은 공무원들의 남 탓과 변명은 민원인을 지치게 만들어서 일을 끝내 하지 않고 지나가겠다는 나태함의 끝을 내게 보여줬다.

나는 내게 주어진 자유가 매우 소중한 만큼, 가해지는 제한 또한 엄격해야 한다고 생각한다. 왜냐하면 현대사회는 투쟁을 통해 그러한 방향으로 자유를 쟁취했다고 보기 때문이다. 우리가 누리는 자유는 사회적 합의, 법을 통해 현실적으로 누릴 수 있는 범위를 제한하고 있고, 사회의 결속을 저해하거나 타인에게 피해를 끼치지 않는 범위 내에서 자유를 보장하는 모양새이다. 결과적으로는 과연 위법행위를 했는지를 관찰하고 처벌이라는 강제성을 행사하는 국가권력이라는 존재가 자유를 보장하기 위해서 자유의 범위를 제한하는 것이다.

인간은 획일화된 공산품이 아니기 때문에 새로운 사회현상이나 시스템이 등장하면 거리를 두고 관찰하는 사람이 있는 반면 빠르게 허점을 파고들어 이용하려는 사람 또한 존재한다. 다양한 인물군상은 어느 시대에나 여러 형태로 존재했고 앞으로도 존재할 것이기 때문에 국가라는 시스템은 늘 경계하고 관리감독, 또는 유지보수하기 위한 노력을 바쁘게 이어나가야만 한다. 하지만 현실은 안타깝게도 시스템이 오래 유지되면 관행이라는 타성이 붙어 노력을 둔하게 만들고 결국 보완하지 못한 허점이 늘어나 국가는 붕괴하고 만다.

그렇기 때문에 자유만큼 개개인에게 가해지는 제한 또한 엄격해야한다는 것이다. 불법적인 갓길주차를 행정인력의 부족이라는 편의적 이유로 방치하면 '여기까지는 괜찮겠지'의 범위가 점점 늘어나고 법을 지키는 사람이 바보취급을 당하게 된다.

우리는 최근에 IT혁명을 거치면서 이러한 현상에 한번 패배하고, 또 극복한 적이 있다. 소프트웨어를 불법으로 복제한 CD를 염가에 사고팔고, 인터넷에서 불법으로 받아 사용하고, 만화, 영화, 소설을 해적판으로 즐기면서, 제 가격 주고 정품 사는 사람이 바보가 되는 시대를 겪었다. 전세계적으로 수많은 제작사와 창작자들이 피해를 감수하지 못하고 떠나면서 영구적인 손실로 남은 IT혁명의 어두운 역사였다. 뒤늦게 이러한 무단카피를 불법으로 확정하고 감시하는 체제를 구축하면서 IT혁명기의 혼란상을 극복했지만, 이때 얻은 교훈을 다른 영역으로 응용하지 못하고 있는 것이 안타깝다.

우리나라는 매일같이 여기저기에서 재개발이라는 토목사업이 기획되고 이루어지고 있다. 그런데 늘상 구시대의 도시계획 때문에 주차공간이 부족하고, 그래서 어쩔 수 없이 주거지역 인근의 불법주차를 묵인하고 있다고 변명한다. 결국은 재개발하며 가치가 오를 것이 명백한 보배로운 토지를 '공용주차장 따위'로 낭비하기 싫다는 자본주의적 이기심을 적당히 옹호하는 것일 뿐이다.

뉴스에서 온갖 종류의 엽기적이고 당혹스러운 사상 사건을 접하고 있다. 분노조절장애가 만연하고 우울증과 공황장애는 양식있는 현대인의 필수품이 아닌가 의심이 갈 정도이다. 나의 이득을 위해 남을 해하는 것을 주저하지 않고, 갈수록 치밀해지는 것 또한 느껴진다. 나의 권리와 자유는 교육받고 여기저기서 들어서 잘 알면서 타인의 권리와 자유에 대해서는 전혀 고려하지 않는 것이 아닌가 싶다.

공교육은 사교육이 못하는 것을 해내야 한다. 인간을 실용성 있는 경제 도구로서 기르기보다 사회시스템을 존속·발전시킬 창의적이고 소통 가능한, 민주적 소양을 갖춘 인격자를 길러내기 위한 교육으로 변모해야 한다고 생각한다.

내가 최대한 자유롭기 위해서는 나와 너의 경계를 명확히 인지하고 침범하지 않아야 한다. 선을 명확히 알고, 선 내에서 최대한의 자유를 꽉꽉 눌러서 누릴 수 있어야 한다는 것이다. 사회가 쉽게 계급화되고 자유가 필요 이상으로 억압되는 이유는 외부의 위협이 실재하고 사회가 충분히 보호받지 못한다는 불안감이 국가권력에 과도하게 힘을 위임하기 때문이다. 상호 간의 자유를 최대한 침해하지 않고, 침해받지 않으리라는 상호 간의 믿음이 싹틀 때야말로 최대한의 자유를 누릴 수 있을 것이다. '이 정도는 괜찮겠지'라며 타인의 자유를 침해하는데 가책을 별로 느끼지 못하는 사회는 자유의 가치가 그 정도로 하찮은 사회이다.

세계 유일의 문명인

오로지 인간만이 세상의 주인이고
인간만이 세계의 생산자가 될 수 있는 양 오만했던 시대가
인간의 손에 의해 저물어가고 있다.

'문화'라는 단어를 사전에서 찾아보면 한자로 '文化'라고 적혀있는 것을 볼 수 있다. 글이 된다는 것인데, 스토리텔링이 최근에야 관심이 집중된 신경향이 아니라 인류사와 함께 발전해온 것이라는 생각이 들었다. 왜냐하면 이야기는 고대에서 현대에 이르기까지 시공간을 초월하여 존재하는 인간의 커뮤니케이션 도구 중의 하나요, 끊임없이 변형과 재창조의 길을 걸어온 존재이다.

이야기는 신화와 전설, 민담 등의 설화처럼 말로 시작되었으나, 문자가 만들어지면서 동화나 소설, 만화 같은 글과 그림으로 발전하였다. 그리고 20세기에 들어와서는 영화나 방송 같은 영상물로까지 그 범위를 확대하였다. 이렇게 이야기는 시대의 흐름에 따라 표현수단만 달라졌을 뿐 인류의 역사와 함께 계속되어 왔다.

최근에 와서 이야기는 시, 소설, 동화, 만화, 애니메이션, 영화, 드라마, 뮤지컬, 전시, 음악 등 종이와 공연장, TV로도 만족하지 못하고 디지털의 영역에서 맹활약 중이다. 어찌 본다면 인터넷방송은 TV와 공연장, 게임은 소설, 만화 등의 자기복제라고 볼 수도 있겠지만 본래 인류사의 모든 발명이 그러하지 않았는가. 익숙하지만 조금 색다른 자극, 익숙하지만 좀 더 편한 것을 찾으려는 쾌락주의적이고 나태한 노력이 발명의 발단이 되어왔다.

최근의 세계는 IP(Intellectual Property, 지식재산권) 전쟁

중이다. 소니와 디즈니라는 문화산업계의 공룡기업들이 스파이더맨이라는 IP 하나를 두고 정신없이 여론전과 협상, 결렬을 거듭하다 타협한 것이 얼마 전의 일이다. 과거의 잘 만든 영화가 현대에 맞게 다시 제작되는 사례가 점점 늘어가고 있고, 과거 크게 인기 있었던 게임을 요즘 소비자의 요구에 부응하는 만듦새로 그래픽을 수정하여 다시 출시하거나 본래의 완전한 모습을 복원하여 출시하는 사례도 점차 늘고 있다. 소설이나 만화를 게임이나 영화 등의 다른 미디어로 재해석하여 제작하는 이른바 미디어믹스는 과거에도 활발하게 이루어졌으나, 최근에는 같은 장르에서도 미디어믹스가 이루어지고 있다. 게임에서 게임, 만화에서 만화, 소설에서 소설, 영화에서 영화 등이 그것이다.

독립적인 창작물로서 평가받기보다는 하나의 창작물에서 가지를 뻗어가며 세계관을 확장하면서 작품과 작품이 서로 영향을 주고받는 모습은 마치 인간관계를 보는 듯하다. 게다가 최근에 와서는 소수 전문가의 평가가 점차 청자들의 평가지표에서 비중이 가벼워지고 있는듯하다. 수많은 청자가 직접 보고 평가를 남기면서 전문가의 예술적 시선이 아니라 일반인의 재미적 시선이 더욱 비중 있는 평가지표로 활용된다. 이제는 예술의 영역에서도 작가 개인의 뛰어난 능력보다도 작가군의 협업, 소수 전문가의 평가보다도 대다수 청자의 평가가 중요해지고 있다.

여기에서 '이제는'이라는 단어를 붙인 이유는 인류의 역사가 그러했기 때문이다. 가령 '삼국지'로 잘 알려진 후한말의 쟁패를 떠올려보자. 우리는 삼국지 초기의 유명한 장수들과 그들의 무훈은 잘 안다. 하지만 삼국 말에는 군략과 모사들의 활약상을 더 잘 기억하고 있을 것이다. 인중여포로 시작하여 사공명주생중달로 끝나는 것이다.

왜 그럴까? 삼국지 초기, 십상시의 전횡과 황건적의 봉기가 일어나는 시기는 오랜 평화를 누리던 후한의 말엽이다. 병사의 창끝은 무뎌졌고 책사는 군기를 잡아본 지 오래인 시기였다. 요컨대 집단의 힘이 개화하지 못한 시기였다는 의미이다. 그렇기에 소수의 높은 무력을 지닌 용장들이 이름을 날렸다. 그러나 수많은 전쟁과 전투의 반복으로 데이터가 쌓이고 집단의 힘을 더 효율적으로 활용할 방법론이 가파르게 연구 성과를 내놓았기 때문에 소수의 용장들은 삼국지의 초반과 같은 영웅서사시를 연출해내지 못하게 되었다.

마찬가지로, 예술 또한 소수 전문가의 평가가 큰 힘을 발휘하기 어려운 시대가 되었다는 것이 내 생각이다. 고등교육을 받고 교차비교할만한 수많은 정보를 손쉽게 획득할 수 있는 현대의 대중들이 여론과 평가를 스스로 형성하는 시대가 되었다는 것이다.

르네상스 시대에 프레스코화를 그린다거나 건축을 한다거나 하는 경우에 수많은 제자들이 조수로 활약하였다. 그러나 그 구상이 온전히 한 사람의 구상에서만 나왔다는 한계가 있고, 앤디 워홀의 팝아트도 그의 구상을 함께할 동지가 없는 외로운 선구자였다는 점에서 한계가 있었다. 하지만 최근에 와서는 동인문화, 팬 문화를 통해서 수많은 작가동지가 등장하고 그 중에서도 프로로 전업하고, 통신의 발달로 더 넓은 지역의 더 많은 작가들이 구상을 주고받고 함께 궁리하며 확장시킬 수 있는 협업의 토양이 무르익었다. 지난 20세기말에 폭발적인 붐을 일으켰던 IT산업혁명이라는 기계적 혁명이 전혀 관계없을 것만 같았던 문화에 일대의 혁신을 불러오고 있는 것이다.

지난 2010년 5월, 나는 공익요원으로 2년의 의무복무를 시작했다. 광주 외곽의 한 여성장애인 재활시설에서 근무했는데, 모든 사무를 컴퓨터로 처리하면서도 컴퓨터는 90년대 말 수준에서 벗어나지 못하는 매우 열악한 환경이었다. 엑셀 함수에 인터넷매크로를 활용하면 컴퓨터가 멎는 경우가 빈번한 지경이었으니 말 그대로 최악이었다. 때문에 나는 여러 경로로 중고PC 기부처를 알아보고 일 년에 거쳐서 매 달 18만원 남짓하던 공익근무 월급이 나오면 얼마씩 보태서 시설의 사무PC 네 대를 전부 교체하였다.

그러면서 나온 여분의 부품으로 두 대를 더 만들어서 시설 생활인들이 사용할 수 있도록 거치된 PC도 교체하였는데, 덕분에 영화도 보고 소설도 읽어주고 자격증도 취득하고 여러모로 삶의 질에 영향을 끼쳤다고 느껴져서 보람을 느꼈다.

최근 일부 음식점이나 고속버스터미널 등에서 전자자판기를 도입하고 있다. 은행이나 백화점 고객센터, 병원 등은 이미 번호표가 정착된지 오래됐다. 그래선지 음식점에서 사먹는 음식이나 편의점에서 사먹는 음식이나 인간미 없기는 마찬가지라는 느낌이 든다. 기계에게 음식을 주문하고 LED전광판이 숫자를 불러서 음식을 가져가라 하니 저게 내 일련번호인가 하는 씁쓸함이 느껴질 때도 있다.

기계의 힘으로 몸이 불편한 사람이 보다 사람답게 살 수 있게 된 것도, 기계가 인간을 숫자로 다스리게 된 것도 모두 기술의 발전이 불러온 명암이다. 가내수공업보다 분업이 더 효율적인 생산력을 내기 때문에 모여서 도시를 이뤘고, 인간보다 기계가 더 효율적인 생산력을 갖췄기 때문에 자동화를 통해 노동자를 줄였다. 우리나라의 경우 특히나 짧은 시간에 초고속으로 중공업 발전을 이뤘기 때문에 도시의 인구밀집이 상당하다. 그래서 인프라가 잘 갖춰진 도시에 실업자가 또 많은 것인지도 모르겠다.

사람은 모이면 뭔가를 이루고 싶어 한다. 그것이 시민단체일 수도 있고, 동호회일 수도 있고, 상하관계일 수도 있다. 나는 사람이 태생적으로 선하다는 설을 믿지 않지만 인간이라는 종의 끝없는 향상심과 깊은 의심이 서로 견제하며 집단으로서 조금이나마 더 나은 결과를 내려 노력해왔다고는 생각한다.

하지만 지금은 기로에 서 있다. 인류가 발전시킨 과학문명이 전통적인 인간의 노동환경을 하나둘 잠식해가고 있다. 과학문명의 최신 발명품인 AI는 점차 활동영역을 늘려가고 있으며 향후에는 인간의 고유영역이라고 생각해왔던 '창작'의 영역에까지 진출하리라는 전망도 나오는 형국이다.

기호지세(騎虎之勢)라는 사자성어가 있다. 이미 우리는 호랑이 등에 탔다. 인류문명의 발전은 핵전쟁이 아닌 한 어떠한 일이 있더라도 정체되는 일이 없을 것이며 일자리가 요구하는 노동자의 능력치는 점차 높아질 것이다. 도태되는 실업자가 지속적으로 늘어갈 것이라는 이야기이다. 노동자로서의 가치를 잃은 사람들은 어떻게 해야하는가, 인간만 할 수 있는 것을 찾기보다는 인간도 할 수 있는 것을 찾는 것이 나을 것이다. 기계는 이제 우리 삶에서 빠질 수 없는 필수요소로 점차 확대될 것이기 때문에 인간이 기계를 다루거나 기계와 협업하는 가능성을 찾아야 한다.

우리는 이미 예술에서 그 방향을 경험한 바 있다. 최근의 다양한 미디어믹스에서 경험한 것을 여러 방면에서 응용하자는 것이다. 기계가 창작한 세계관이든 인간이 창작한 세계관이든 무슨 상관인가, 함께하면 되는 것이다. 어떤 면에서는 인간이라서 생길 수 있는 착각이나 망각에 의한 오류를 기계가 바로 잡아줄 수 있어서 더 내용적으로 개연성있게 구성할지도 모르겠다.

인간은 언제나 그래왔다. 낡고 진부한 것을 답습하다가 가끔의 일탈로 신선하고 참신한 것을 만들어냈다. 그러나 그 신선하고 참신한 것은 완전히 세상에 없던 것이 아니라 이미 있던 낡고 진부한 것을 재조명한 것이었다. 오로지 인간만이 세상의 주인이고 인간만이 세계의 생산자가 될 수 있는 양 오만했던 시대가 인간의 손에 의해 저물어가고 있다.

찻잔 위의 예술

온실의 화초처럼 아름다운 곳, 점잖은 사람, 규정대로의 절차만을 겪으며 자란 내게는 참 충격적인 경험들이 많았다. 내 상식이 대중의 상식이 아님을 알았고, 모두의 상식이 사실이 아닌 경우도 있다는 것도 경험했다.

세상에는 참 대단한 사람들이 많다. 가수 중에서는 조용필을 참 대단하다고 생각한다. 어린 시절 들었던 「킬리만자로의 표범」은 이게 노래인가 하는 충격이었고 수년 전에 발표한 「바운스」나 「헬로」는 과거의 노래들과는 꽤 다른 새로운 노래였다. 70세가 가까워가는 나이에 더 나아가기 위해서 새로운 시도를 한다는 것이 보통의 정신력으로는 불가능했을텐데 싶어서 그가 참 대단하다는 생각을 했다.

나의 삶에 수많은 후회가 있지만 가장 큰 후회는 도전하지 않는 삶을 지냈다는 것이다. 초등학교 3학년 때 교통사고로 왼 대퇴부가 골절되어 몇 달간 병원생활과 하반신 깁스를 한 채로 지낸 일이 있었다. 이 때 부모님께서는 이 경험을 글로 정리해보는 것이 네게 자산이 될 것이라고 충고해주셨다. 하지만 나는 하지 않았다. 고등학생 때는 컴퓨터에 어느정도 재능이 있다는 것을 발견했지만 적극적으로 자기계발을 해보고자 노력하지 않았다. 이미 발견한 글 쓰는 재능이 차고 넘친다는 오만이었을지도 모르겠다. 기흉으로 삼 년간 세 번 수술을 반복하면서도 어린 시절에 그랬듯 병상일기같은 것은 써보려 시도하지도 않았다. 대학에서도 고등학생 때와 마찬가지로 집과 학교를 왕복했을 뿐이다.

뒤늦었지만 이제라도 내가 성장하며 겪었던, 생각했던, 주장하는 바를 글로써 세상에 내놓는 작은 도전을 하려고 마음먹었다. 누군가들은 늦었다고 생각할 때가 가장 빠르다고 조언

하지만, 늦은 것은 이미 늦은 것이다. 20년을 남들이 하는 것처럼 하고, 7년을 대학에서 허송하고서야 내가 글을 읽고 쓸 때가 가장 행복하다는 것을 깨달은 것은 몇 년을 살지 알 수 없는 내 삶에서도 너무나 큰 시간낭비이지만, 이런 경험이 앞으로 내게 어떤 영향을 끼칠지 또한 알 수 없으니 지금의 도전이 너무 늦지 않았을지도 모른다는 희망이, 그래도 아직은 '젊다'는 희망이 내게는 있다.

시민단체 활동을 하면서 여러 가지 일을 겪었다. 온실의 화초처럼 아름다운 곳, 점잖은 사람, 규정대로의 절차만을 겪으며 자란 내게는 참 충격적인 경험들이 많았다. 내 상식이 대중의 상식이 아님을 알았고, 모두의 상식이 사실이 아닌 경우도 있다는 것도 경험했다.

한참 5·18전야제가 진행중인데 술에 취해 무대로 올라가려는 사람이 있었다. 스스로는 유공자라서 발언할 자격이 있다고 하는데, 유공자는 절차를 무시하고 무대에 난입해도 되고, 말리는 스태프를 때려도 죄가 없는 것일까? 아니다.

전야행사를 준비하는 중에 금남로 지하상가 상인회의 방문이 있었다. 금남로 4가, 5가 도로를 통제하면 사람들이 지하도로 내려오지 않아서 장사가 안되니 손해를 충당해달라는 요구를 하기 위한 방문이었다. 나는 전혀 그들이 5·18을 다르게 생각하리라는 생각을 해본 적이 없었다. 5·18은 모두가 겪은 아픔이니 그들도 당연히 전야행사에 이견이 없으리라 쉽게 생각했을지도 모르겠다. 하지만 그들은 그들 나름대로의 현실적인 불만이 있었던 것이다.

스스로 세상이 다각적이고 그 각이 뾰족할 수도 울퉁불퉁할 수도 오목할 수도 있는 수학적이지 않은 복잡한 세상이라는 것을 지식으로 알면서도 경험해보지 않았으니 섣불리 지레짐작하고 나의 상식과 동일시하고 만 것이다. 그러고는 예상 밖인 상대의 행동을 이해 못해하는 어리석은 모습을 자주 보인 것 같다. 내가 참 순진하고 어리석었다는 생각을 했다.

운전대를 잡고서도 늘 생각한다. 저 사람들은 도저히 상식적으로 이해할 수 없는 짓을 한다고. 아마 어떤 사람들도 나를 보고서 그렇게 생각했을지도 모른다. 같은 환경에서 나고 자란 나와 동생들도 생각하는 방향이 조금씩은 달라서 의견충돌이 생길 때도 있다.

공익근무를 할 때 나는 근무지를 한 번 옮긴 적이 있다. 어지간한 일로는 공익요원의 근무지를 재배정하는 일은 없는데 내가 그 어지간한 일을 겪었다. 처음 근무한 곳은 남성장애인재활시설이었는데, 아침 일찍 출근해서 생활인들과 함께 샤워실에 들어간다. 그리고 생활인들이 몸을 씻게 도와주면서 옷을 벗으면 배변을 아무 곳에나 하는 사람이 있으니 그 뒤처리를 해야했다. 샤워가 끝나면 옥상에 올라가 빨래를 하는데, 정신이나 신체가 불편한 사람들이다 보니 속옷이나 바지에 배설물이 묻은 경우가 많아 따로따로 손빨래를 해서 널어야 했다. 그

인원수가 20명이 넘다보니 혼자하면 거의 오전 내내 해야했다. 점심때는 식탁을 닦고 차리고 보조하고 치우는 평범한 접객을 하였고, 오후에는 '작업치료'를 함께 했다. '작업치료'는 청소기에 들어가는 부품을 공장에서 받아와서 조립하는 단순노동이었다. 이 임금의 일부는 시설운영에 쓰고 일부는 참여한 생활인들 명의로 저축을 해준다고 했다.

그런데 이 '작업치료'를 할 때 실수 없이 할 수 있는 인원만이 참여했는데, 간혹 싫어서 도망가는 사람이 있는 경우는 억지로 데려와서 살살 꼬드겨야 했다. 어르고 달래기만 하면 다행인데, 가끔 신체적 접촉이 없는 체벌이 가해지는 경우가 있었다. 신체적 접촉이 없다지만 정신연령이 낮은 사람을 대상으로 일방적인 '작업치료' 지시와 체벌은 당시의 내게 있어서 '있어서는 안되는 불의한 일'이었다. 시설에 근무중인 복지사가 정신연령이 낮은 생활인들이 말을 안듣는다고 와이어줄로 몸을 묶고 체벌을 실시했다. 이 일이 어떤 경로인지 외부로 밝혀지면서 공익요원들이 그 시설에서 다른 시설로 재배정되었고 나 또한 포함되었던 것이다. 장애인재활시설에서 근무한다면 복지사자격을 취득한 사람일텐데 어떻게 그렇게 행동할 수 있었는지 여전히 내 상식으로는 이해가 가지 않는다.

시민단체에서의 경험은 견문이 좁다는 것을 깨닫는 계기이기도 했다. 단체 내에서 글 쓰는 것은 내가 제일 쓸만했다. 누구나 밖으로 드러낼 글문은 초안을 내게 작성해달라고 부탁

했다. 내가 쓸모있다는 느낌이 내게 자신감을 줬다. 하지만 오랜 기간 광주 내에서 벌어졌던 단체간의 신경전은 내가 전혀 몰랐던 세상이었고, 시민단체에 속해서 내가 공익근무를 했던 법인을 바라보게 된 것 또한 신선한 경험이었다. 내가 잘 아는 것은 전공한 국어교육과 글쓰기뿐인데, 사물놀이, 미술, 무대공연, 퍼포먼스 등의 전문가들이 전야제 기획을 위해 여러 차례 토론하는 모습은 낯설면서도 재미있어 보였다. 나 또한 시민총회라는 토론회 개최를 준비했지만 아는 바가 적으니 끌려갈 뿐 주도적으로 의견을 내놓는 경우가 많지 못했다. 상무관 전시전의 표지글을 내가 적었지만, 정작 전시물을 보면서도 이게 무슨 의미인지 미술 교양이 부족했는지 이해할 수 없었다. 그저 초상화를 보고서 '아 도청에 계시는 그분들이구나', '꼭 사진같으면서도 어둑어둑한 그림자 같은 느낌이 난다' 정도의 감상을 할 수 있었을 뿐이었다.

그것이 분했다. 누군가 르네상스를 말하면 서양문학 교양과목에서 배웠던대로 조르주 바사리가 『뛰어난 화가·조각가·건축가의 생애』라는 미술비평사의 근간을 마련했다 정도가 내가 말할 수 있는 몇 안 되는 지식이었다. 누군가 미니멀리즘이 어떻고 다다이즘이 어떻고, 야수파와 입체파가 어떻고 하더라도 간신히 그 의미를 알 뿐 어떤 작품을 누가 만들었는지 그 시대상이 어땠는지 함께 이야기할 수 없다는게 분했다.

그래서 일을 마친 반 년 간 열심히 읽었다. 미술, 건축, 미술비평, 광고. 책만으로 짧은 시간 접한 것에는 한계가 있겠지만 일단 내가 도전을 시작했다는 것이 중요하다. 시작이 반이라는 말은 도전을 시작하는 각오가 그만큼 중요하다는 의미일 것이다.

나만 알던 세계

이 사내에 대해서 나는 이렇게 기억하고 있지만, 같이 놀던 남동생은 전혀 기억하질 못하고 있고, 근처에 살던 친구는 망태기할배라며 회색 체모를 가진 노숙자로 기억하고 있으니 기억이라는 게 참 믿을 것이 못 된다.

화순에는 샘이 많다. 그 중에서도 화순초등학교 가까이에 있는 옥거리샘은 어린 시절 자주 놀았던 장소인데, 유독 가마니아저씨가 인상 깊게 기억난다. 가마니아저씨란 흔하게 어린 아이들 사이에서 떠돌던 유언비어였던 것 같다. 늘 망태기를 등에 지고 한 손에는 집게를 든 사내. 전혀 관리되지 않은 체모와 왕초가 입을법한 누더기를 걸친 왜소한 외모에 흐리멍덩한 안광은 어린 아이들에게는 기괴 그 자체였다. 헌데 이 사내는 옥거리샘에 자주 출몰했는데, 그가 나타날 때마다 저 멀리서부터 아이들이 '가마니아저씨다!' 외치면서 흩어져 도망쳤다. 나 또한 그들 중 하나였다. 그에 대한 여러 소문 중에는 혼자 있는 어린 사내아이를 데려가서 만연산에서 키운다거나 그가 데려간 아이가 화순장에서 구걸하는 것을 봤다는 이야기를 들었다는 둥 뜬소문들이었다. 이제와서 회상해보면 아마 그는 공병을 줍는 사내였을지도 모른다.

이 사내에 대해서 나는 이렇게 기억하고 있지만, 같이 놀던 남동생은 전혀 기억하질 못하고 있고, 근처에 살던 친구는 망태기할배라며 회색 체모를 가진 노숙자로 기억하고 있으니 기억이라는게 참 믿을 것이 못된다.

한번은 이 사내가 나타났을 때 근처 구멍가게에 들어가서는 큰 난리가 난 것처럼 '가마니아저씨가 와요!'라며 호들갑을 떨었던 적이 있다. 동네 아줌마들과 수다를 떨던 주인아줌마가 깔깔대면서 알았다며 머리를 쓰다듬어줬었는데, 아마 그 아줌

마들에게는 또 다른 디테일의 기억이 남아있지 않을까 싶다.

이렇듯 기억이란 실제로 일어난 사건과 현상을 제멋대로 왜곡하고 편한 방식으로 단순화시킨다. 때문에 나는 이 기억이라는 단어를 언해교육봉사를 할 때 '주변을 내 방식으로 알게 되는 것'이라고 설명한 적이 있다. 객관적으로 실존하는 대상을 주관적으로 이해하는 과정이 곧 기억이니 어떻게 본다면 세계의 자아화라는 서정시의 관계양상과 비슷한 맥락이 있는 것도 같다. 즉 기억이란 '나만 아는 세계'를 창조해내는 자아의 결과물인 것이다.

고사에 코끼리를 본 장님들 이야기가 있다. 한 장님은 다리를 만지고 기둥같이 생겼다, 한 장님은 코를 만지고 뱀 같이 생겼다, 귀를 만지고 부채같이 생겼다고 주장하는 모습을 한 발짝 떨어져서 바라보는 사람들의 시선에는 어떻게 느껴졌을까? 그리고 신기하게 코끼리를 바라보는 중국 사람들을 한 발짝 떨어져서 바라보는 천축 사람들은 또 어떻게 느꼈을까?

어떤 이는 장님들의 묘사를 들으며 그가 만진 부위와 비교하며 그럴 수도 있겠다며 공감했을지도 모른다. 어떤 이는 장님들이 일부를 만지곤 전부 아는 것마냥 주장하는 것을 우습게 여기거나 비웃었을지도 모른다.

시(詩)를 접한 우리의 태도도 장님들의 코끼리 묘사를 들은 대중들과 크게 다르지 않다.

어떤 이는 시의 감정선에 감탄하고 공감하고 어떤 이는 오그라든다며 비웃는다. 어떤 이는 왜 그렇게 이야기했는지 분석하고 해석해내려고 노력하기도 한다. 서정시는 일인칭인 경우가 많다. 그럴 경우 세계를 지극히 개인의 감상, 감성으로 재해석하고 문자로 다시 옮기는 작업을 거친다. 그래서 시를 감상하기 위해서는 화자에게 감정이입할 수 있는 공감능력이 필요하다. 공감하지 못한다면 시가 상대의 공감능력을 끌어내지 못했거나 내 공감능력이 부족한 것이다.

기억은 온전히 나만의 것이다. 내 기억을 남과 공유하기 위해서 글을 쓰거나 영상을 만들거나 어떤 방식으로 기록하여 공개한다 하더라도 남 또한 자신만의 독자적인 기억과 경험이 있기 때문에 받아들인 '나'의 기억은 '남'의 방식으로 가공된 '남'의 기억이 될 뿐이다.

선천적으로 타고난 성격 혹은 후천적으로 교육받은 습관으로 몸으로 체감하는 여행을 즐기거나 안락한 공간에서 책이나 영화를 즐기는 등 사람은 제각각의 방식으로 경험을 쌓고 경험은 기억이 되어 자아에 영향을 끼친다.

어제 쓴 글을 오늘 읽으면 고칠 부분이 보인다. 고작 하루의 기억만으로도 어제의 나와 오늘의 나는 약간의 차이가 벌어진다. 누군가 '사람은 고쳐쓰는 것이 아니다'라고 하지만 사람은 항상 변화한다. 어린 시절 나는 연필을 쥘 때 연필심에 가깝게 아주 꽉 쥐고 사용했다. 하지만 중학교를 졸업할 쯤에 문득 이 습관이 내 손을 아프게 한다는 생각에 조금씩 뒤로 쥐기 시작해서 이제는 대를 잡고 글을 쓰게 되었다. 연필심에 가깝게 쥐던 수많은 나날들의 경험이 기억으로 남아 언제든 변화할 계기를 마련했고, 중학교를 졸업할 쯤의 어느 날 스스로 변화를 요구한 것이다.

만들어가는 존재

나는 언제나 '나'라는 사실을 의심한 적이 없다.
그러나 과거의 어느 시점에 있었던 기억을 떠올리며
그때의 판단을 후회하거나 왜 그렇게 했는지
이해할 수 없다고 생각할 때는 있다.

'나는 생각한다. 고로 존재한다.' 데카르트를 모를 수는 있어도 이 명제는 모르는 사람이 없을 정도로 대단히 유명한 말이다. 내가 생각하는 자아의 정의를 이보다 더 잘 함축하기는 어려울 것 같다. 흔히들 나=생각=존재의 삼단논법으로 나=존재라고 착각하곤 하는데, 사실은 생각하는 순간의 내가 존재한다는 의미이므로 생각하는 동안은 자아의 존재를 확인할 수 있다는 의미이다.

자아는 생각하는 순간에서만 발견할 수 있다는 데카르트의 주장을 보면 생각나는 자아에 대한 또 다른 사유가 있는데, 바로 장자의 호접지몽이다. 호접지몽은 무아사상의 대표적인 고사 중의 하나로 우리나라는 구운몽을 고등학교 국어에서 가르치기 때문에 거의 필수적으로 한번씩은 언급하고 가르쳐서 아주 익숙하다.

얼핏 생각하기에 호접지몽은 '나는 생각한다. 고로 존재한다'는 명제를 정면으로 반박하는 것 같다. 장자가 나비의 꿈을 꾸는지, 나비가 장자의 꿈을 꾸는지 알 수 없는, 생각은 있지만 나는 없는 무아(無我)를 주장하기 때문에 생각하는 순간 '나'를 발견할 수 없는 것이 아닌가 의문이 드는 것이다.

생각이란 무엇인가, 나는 기억을 통해 판단을 끊임없이 해내는 과정이라고 생각한다. 즉 생각이야말로 내가 남들과 구분되는 '나'라는 확신을 얻을 수 있는 수단이고 생각하는 순간만이 내가 남과 구분되는 개인으로 존재함을 확신할 수 있는 수단인 것이다. 데카르트는 이러한 과정을 간단명료하고 함축적으로 요약하여 '나는 생각한다. 고로 존재한다.'라고 정의했다.

다시, 나는 '기억'을 통해 판단을 끊임없이 해낸다. 이 기억은 어떠한 형태로든 내가 접할 수 있는 주변의 모든 것들에 영향을 받고, 결과적으로 생각에 방향을 제시한다. 쾌감의 기억은 유혹적이고 좌절의 기억은 불안하고 껄끄러움으로 판단에 영향을 끼치니 결국 '나'는 기억을 누적시키며 조금씩 변화해 간다. 때문에 절대적이고 고착된 형태로서의 '나'는 존재하지 않는 것이다. 즉 표현과 접근 방법의 차이일 뿐 데카르트의 명제와 장자의 고사는 모두 자아의 존재에 대해서 이야기하고 있다고 생각한다.

나는 언제나 '나'라는 사실을 의심한 적이 없다. 그러나 과거의 어느 시점에 있었던 기억을 떠올리며 그때의 판단을 후회하거나 왜 그렇게 했는지 이해할 수 없다고 생각할 때는 있다. 간단한 이야기이지만, 그 때의 나와 그 때를 회상하는 나는 다른 존재이기 때문이다. 나는 매번 이전과는 조금 다른 사람이 되어왔다. 그럼에도 내가 내가 아닌가라고 묻는다면 매일 조금씩 새로 교체되는 세포들의 연속인 내 몸이 과연 내 몸인가라는 의문과 같다고 답할 수밖에 없을 것이다.

오히려 과거의 나와 지금의 내가 완전히 같은 존재라면 실망할지도 모르겠다. 지금까지 사고하지 않고 살아왔고 그동안 읽어온 수많은 책이 내게 전혀 경험이 되지 못했다는 반증이고 무의미한 동물적 일상을 숨이 붙어있는 김에 살았을 뿐이라는 의미밖에 없기 때문이다.

사람은 기억을 통해 변하는 존재이며 그 기억의 토대가 되는 경험은 그 순간까지의 기억이 판단에 영향을 끼치니 '나'라는 자아는 연속성 있는 누적된 존재라고 할 수 있다. 그래서 학교에서는 독서를 끊임없이 권한다. 공교육이 요구하는 고수준의 학업을 쌓는 동시에 경험을 습득하는 데는 독서가 가장 효율적인 수단이기 때문인지도 모르겠다. 게다가 성인이 되어서도 여러 가지 이유로 여행이나 신선한 경험을 수시로 접하기는 쉽지 않다. 그래서 우리는 드라마를 보고 영화를 보고 책을 읽는다.

사람은 누구나 옳은 판단을 하길 원한다. 심지어 로또라는 지극히 운에 기대는, 옳은 판단이 존재할 수 없는 상황에서는 여러 주술적인 믿음이라도 판단의 근거로 삼고자 한다. 즉, 판단에는 근거가 필요한 것이다. 그리고 우리가 일상에서 내리는 수많은 판단의 근거는 경험이다. 경험은 기억으로 남는다. 경험이 기억이 되고 기억이 자아를 섬세하게 조각해간다.

어린 시절 푸른 하늘을 보았던 기억은 미세먼지에 더럽혀진 황색 하늘을 바라보면서 푸른 하늘을 그리워하게 한다. 푸른 하늘을 기억하는 '나'의 자아는 푸른 하늘을 보았던 과거의 경험이 만든 자아의 일면이다.

'나는 누구인가?'는 누구나 사춘기를 거치며 한번쯤은 생각해보는 정체성의 의문이다. 어렸던 그 시절에는 의문이 해결되지 못한 채 흐지부지 지나갔지만 이제는 어설프게나마 대답할 수 있을 것 같다. 나는 그동안의 내가 만들어가는 다음의 나이다. 매 순간 순간 나는 만들어지고 있고, 생물학적으로 뇌활동이 완전히 멎는 순간에서야 나는 나를 만드는 작업을 멈추고 쉴 수 있게 될 것이다.

몸과 마음, 닭과 달걀

어릴 때 판단하기 어려운 문제를 두고 닭이 먼저냐 달걀이 먼저냐라고 질문을 던지는 경우를 몇 번 본 적이 있다. 굳이 과학적으로 따져본다면 닭은 옛 공룡의 어느 종이 진화한 것이라니 달걀이 먼저일 것이다. 그러나 몸과 마음의 문제는 어떻게 설명해야 할까?

어릴 때 판단하기 어려운 문제를 두고 닭이 먼저냐 달걀이 먼저냐라고 질문을 던지는 경우를 몇 번 본 적이 있다. 굳이 과학적으로 따져본다면 닭은 옛 공룡의 어느 종이 진화한 것이라니 달걀이 먼저일 것이다. 그러나 몸과 마음의 문제는 어떻게 설명해야 할까? 보통 몸이 멀어지면 마음도 멀어진다고 하지만, 영영 만날 수 없게 된 사람을 영원토록 사무쳐하는 경우 또한 빈번하다.

10여 년 전 할아버지께서 돌아가셨을 때 염을 하며 가족들에게 마지막으로 손을 잡을 시간을 줬었다. 그 때 나는 창백한 할아버지가 도저히 우리 할아버지가 아닌 것 같은 비현실감에 도저히 손을 잡을 수가 없었다. 돌아가셨다는 사실을 전혀 받아들이지 못하고 있었던 것 같다. 그때 손을 잡지 못했던 것, 살아생전 한 집에 살면서도 자주 들여다보지 못했던 것이 한스럽다. 그런데 누가 감히 몸이 멀어지면 마음도 멀어진다는 말을 사실인 양 말할 때는 그 사람마저 비뚜름하게 쳐다보게 된다.

부모님의 결혼식 비디오를 부모님 결혼기념일 선물로 하자며 동생과 함께 디지털파일로 변환한 적이 있다. 부모님께서는 동영상 속 만날 수 없는 옛 인연들을 그리워하셨다. 나도 다시 뵌 어릴 적 기억 그대로의 외할머니와 젊고 정장을 차려입은 할아버지, 허리가 쑥 서있는 할머니를 보니 어색하면서도 그리워서 몇 번이고 다시 찾아보곤 했다. 그래서일지도 모르겠다. 할머니 앞에 서면 늘 할아버지의 손을 잡지 못했던 때가 생각이 나서 손을 잡고 싶고 옆에 있고 싶고 맛있는 것을 드리고 싶어진다.

몇 년 전, 할머니께서 요양병원에 들어가셨다. 그래서 코로나 이전에는 동생을 데리고 자주 찾아뵈었다. 찾아뵐 때마다 늘 할머니께서는 '아이구 내새끼' '뭣허러 왔냐, 나 잘 지낸다' '밥 묵었냐' 말로는 왜 찾아왔냐고 타박하시면서도 반갑고 밥은 잘 챙겨먹는지 걱정돼서 속사포같이 질문을 쏟아내셨다. 요양원에 계신 할머니께서 우리에게 원하는 때에 연락을 할 수 없는 것이 못내 걸려서 핸드폰을 다시 개통해서 드렸더니 매일 아침마다 전화를 거시니 모닝콜이 따로 필요 없었다. 처음에는 무슨 일이 났나 속이 철렁해서 급히 받았는데, 할머니께서 평소대로의 어조로 건강한지 아침은 먹었는지 부모님은 잘 출근하셨는지를 물으시기에 슬쩍 안도했었다. 최근에는 코로나가 걱정되는지 건강한지를 늘 묻곤 하신다.

우리는 흔히 유교적 전통으로 가족의 인연을 천륜이라고 말하지만 불교에서는 은(恩)이라고 설명한다. 자비로 양육하고 자비로 봉양하는 선업의 주고받음 관계라는 의미인데 이 은이라는 것이 몸이 멀어져도 마음이 기울어지고 자꾸 신경쓰이게 만드는 원인일까? 가족이라는 절대적 아군을 보호하고 의지하려는 동물적인 본능인 걸까? 어떻게 생각하더라도 할아버지를 생각할 때마다 느껴지는 눈물 찔끔 나는 감정은 설명이 어렵다.

책이나 영화를 보면 어떠한 주변의 저항과 훼방이 있더라도 연인은 뜨겁게 사랑하고 어떤 불합리하고 지옥같은 환경에서도 가족의 우애는 끊어낼 수 없는 것으로 묘사된다. 현실에서는 대부분 그렇지 못하기 때문에 환상 속에서나마 이상적인 모습을 보고 싶어 하기 때문이라는 것은 누구나 짐작하는 속내이다.

내가 그리 많은 영화를 본 것은 아니지만 『가족의 탄생』이라는 영화는 아직도 인상 깊게 기억하고 있다. 이 영화는 세 개의 미니소드가 최종장에서 하나로 모이면서 하나의 흐름으로 묶이는 형태를 취하고 있는데, 결론적으로 혈연이 아님에도 가족이 탄생하는 모습을 보여주며 가족의 정의가 무엇인지를 질문하는 영화이다. 가까이 부대끼고 살았기 때문에 가족이 된 것일까? 사람이 사람을 그리워하고 가까이 하고 싶어하는 것에는 '은(恩)'이라거나 어떤 정형적으로 설명할 수 있는 원리가 존재하는 것은 아니리라고 나는 믿는다.

어린 시절 내가 교통사고로 다리가 부러져 입원했을 때, 연락을 받은 아버지가 자동차로 급하게 병원에 들어서다 병원 실외기를 들이받은 것이 첫 차사고라는 이야기를 기억하고 있다. 막내동생이 협박전화를 받았다는 이야기에 이천까지 한달음에 달려갔을 때, 동생을 데리고 집으로 내려오면서 '나도 실외기를 들이받는 사람이었구나' 하는 생각을 했었다.

몸이 멀어진다고 마음도 멀어지는 경우가 있을 것이다. 그러나 반드시 몸이 멀어진다고 마음마저 멀어지지는 않는다. 후회하기 때문에 인간이라는 말이 있듯이 사람은 평생 기억을 곱씹으며 후회하고 마음에 멀어간 사람을 묻게 된다. 나는 마음에 묻은 사람이 아직은 적다. 그러나 살아가면서 점차 늘어날 것이다. 그리고 언젠가 나 또한 누군가의 마음에 묻힐 것이다. 별달리 특별한 이야기도 아니고 누군가가 말한 적 없는 기발한 이야기도 아니다. 사람은 이렇게 살아왔고 앞으로도 이렇게 살아갈 것이다. 할머니를 찾아가서 한 시간도 채 있지 않으면서 늘 '할머니께서 할머니는 할머니께'를 입에 담는 털난 양심이 까맣게 때타지는 않았음을 확인하고 싶었을 뿐이다. 남들이 그랬듯 나 또한 특별하지 않게 말이다.

할머니께서 들려주신 이야기

할머니께는 우리의 이야기가 책이고 다큐멘터리고 뉴스나 마찬가지이다. 아마 세상에서 가장 반갑고 궁금하고 속편을 바라는 책이고 다큐멘터리이고 뉴스이지 않을까 싶다.

우리 형제는 어릴 때부터 할아버지 할머니와 함께 살았다. 성인이 되어 회상해보니 할아버지 할머니의 이야기를 들은 것이 거의 없었다. 기껏해야 부모님이나 자주 집을 찾는 친척 어른들의 입을 통해서 들은 것이 다였다.

할아버지께서 6·25참전용사라는 것도 6·25참전용사로 인정받기 위한 절차를 밟는 와중에야 알게 되었고 여순사건에 작은할아버지께서 연루된 탓에 증조할아버지와 할아버지, 할머니께서 경찰에 끌려가 전기고문을 받았다는 이야기도 할아버지께서 폐기종이 심해지셔서 거동이 힘들어지셨을 때에서야 듣게 되었다.

어릴 때, 할아버지는 원래 할아버지였고 아버지는 원래 아버지인 줄 알았다. 아니, 생각해본 적조차 없다. 할아버지께서 돌아가시고 큰외삼촌께서 돌아가시고 몇 년간 밤잠을 설쳤다. 또 잠든 사이에 할머니께서 돌아가시는 것은 아닌가 하는 공포가 있었다. 새벽녘 한두 번씩 할머니와 막내동생이 잠든 방을 슬쩍 둘러보다 가슴께의 들썩임이 안 보이면 또 철렁해서 다가가 앉아 숨소리를 듣고 나온 적도 몇 번 있다. 그러다 깨달았다. 원래 이렇게 작으셨나? 내가 어릴 때는 허리가 꼿꼿하셨는데 언제 기역자로 굽으셨지? 만연산 아래 밭에도 한달음에 오르시던 분이 집 앞에 나서는데도 이리 숨차하시게 된 게 언제부터지?

우리 형제는 할아버지 할머니께 자랐으면서도 무릎베개하

고서 옛날이야기를 들으면서 잠든 경험이 없다. 그럼에도 불구하고 할아버지 할머니에 대해서는 할 수 있는 이야기가 너무도 많다. 할머니께서는 콩고물과 약간의 소금, 약간의 설탕에 밥을 비벼서 주시곤 했다. 이른바 얼마 전 유행했던 달고 짠 맛이 조화되는 단짠간식을 90년대에 이미 해주셨던 것이다. 할아버지께서는 말수가 적으셨다. 굳이 흰소리를 하고 남에 대해서 이야기하는 것을 꺼리셨는데, 우리가 동네 친구들과 뛰놀고 있으면 저 멀리 산자락에서 늘 농기구를 손에 쥐고 산에 오르셨다. 그러면서도 나나 동생들이 어렸을 때 매일 아침 손을 잡고 학교에 갔다가 하교 시간에는 데려가셨는데, 내 주먹을 날계란 쥐듯이 조심스레 감싸는 바위같이 크고 단단한 손의 따뜻함이 말이 필요 없는 마음처럼 느껴졌다. 조용히 부잡해서 유리에 무릎이 크게 찢어지고 이용실 면도칼에 손등이 벌어진 큰손자를 업고서 한달음에 읍내의 병원까지 뛰어가셨던 마음은 헤아릴 수조차 없다. 하지만 폐기종으로 거동이 힘드시면서도 날 볼 때마다 왼 손등을 맞잡고 크게 진 흉을 만지작하시던 모습으로 미루어보아 할아버지께는 내가 다쳤던 것을 지우지 못하는 후회였던 것 같아 죄송스럽다.

우리 형제는 할아버지 할머니께 옛 이야기를 듣지는 못했지만 우리의 이야기를 많이 들려드리고 있다. 시골집의 개들이 강아지를 몇 마리 낳았고 오늘 점심은 뭘 먹었고 시내에 나가서 뭘 했는지. 나는 책을 읽고 다큐멘터리를 보고 뉴스를 보면서 남의 경험을 받아들인다. 그렇게 나의 세계를 확장해 나간다. 할머니께는 우리의 이야기가 책이고 다큐멘터리고 뉴스나 마찬가지이다. 아마 세상에서 가장 반갑고 궁금하고 속편을 바라는 책이고 다큐멘터리이고 뉴스이지 않을까 싶다.

유튜브에는 수많은 종류와 장르의 영상이 올라오고 있는데, 최근에는 새끼를 살리려고 인간에게 다가오는 동물이라는 소재의 영상이 심심찮게 보인다. 여전히 주류 중의 주류는 집에서 키우는 소동물들의 귀엽고 재미있는 장면과 상황이지만, 부모의 심정에 공감할법한 영상들이 하나 둘 늘어가는 것을 보고 있으면 요즘 사람들이 이런 부분에서 결핍을 느끼는 것이 아닌가 하는 생각이 든다.

우리가 어릴 때는 한두 살 많은 동네 형, 한두 살 적은 동네 꼬마가 어울려서 골목에서 공을 차고 개울에서 붕어를 잡고 논두렁 옆 실개천에서 올챙이를 잡았다. 돌이 있으면 땅따먹기를 하고 나무막대가 있으면 자치기를 했다. 그러다 해가 슬그머니 자리를 비울 쯤 골목 여기저기에서 우리를 찾는 엄마와 할머니들의 고함소리가 들리면 흙먼지로 더러워진 손으로 밥하다 나온 손을 마주잡고 집에 들어가 등짝을 맞으며 세수당하고 코를 풀고 손발을 씻었다. 한 상에서 저녁밥을 먹으며 오늘 배웠던 것, 놀았던 것, 가봤던 곳을 이야기했다. 할아버지 할머니께서는 옛날이야기를 들려주는 대신 우리의 이야기를 듣고 기억하셨던 것이다.

경험의 한계를 넘어서기까지

우리는 다양한 매체에서 여러 이야기를 전달해주는 것을 수없이 접하고 있다. 그 중에서 《인간극장》과 같이 안타까운 사람들의 이야기를 소개하는 프로그램이 있다. 이 프로를 보면서 안타까움에 공감하고 약자에게 부조리한 세상에 분노한다.

우리는 다양한 매체에서 여러 이야기를 전달해주는 것을 수없이 접하고 있다. 그중에서 《인간극장》과 같이 안타까운 사람들의 이야기를 소개하는 프로그램이 있다. 이 프로를 보면서 안타까움에 공감하고 약자에게 부조리한 세상에 분노한다.

하지만 실체감 없는 경험은 한계가 있을 수밖에 없다는 사실을 절감했다. 2019년 늦가을, 오랜만에 친구들을 만나기 위해 서울에 갔다. 저녁을 간단하게 때우고 지하철을 타게 됐다. 노약자석에 앉은 대학생쯤 돼 보이는 사내를 보게 되었는데, 사지 멀쩡하고 외관이 깔끔한 것이 아주 건강해 보였다. 그래서 친구들과 쑥덕대었는데, 그 옆에 앉아있던 할아버지 두 분이 "목발 짚은 아주머니가 코앞에 서 있는데 비키지도 않고 무엇하느냐"며 가정교육 잘못한 부모를 욕하는 것이었다. 광화문역 인근에서 그 아주머니가 좌석 옆에 목발을 대어놓고는 사내에게 손을 뻗기에 무슨 일이 벌어지나 지켜봤더니, 아주머니가 사내를 일으키며 양 겨드랑이에 목발을 끼워 넣어주고 있었다. 할 말이 없었다. 남루한 행색의 아주머니와 잘 차려입은 사내, 그리고 부축하고 돌보는 아주머니와 돌봄 받는 사내. 처음부터 이 장면을 보았다면 바로 이해했을 것을. 혹은 화면 너머로 보았다면 침착하게 유추할 수 있었을지도 모를 상황이었다.

그 아주머니와 사내가 어떤 사연과 불편함을 가지고 있었는지는 알 길이 없다. 하지만 그 상황을 겪고 나니 평소 비판적이고 시니컬하게 글을 쓰고 말을 꺼내던 자신이 부끄러웠다. '말의 품격'에 대해서 긴 글을 썼던 것이 그리 오래되지 않은 일인데 '말로만 백점'이었던 것이다.

나는 SNS를 하지 않는 것을 자랑스레 이야기하곤 했다. 그러면서 SNS는 우물과 같다고 말했다. 비슷한 관심사에 비슷한 성향을 가진 사람들끼리 서로 보듬고 오구오구하기 쉬운 형태의 소통방식이기 때문이다. 비슷한 성향의 사람들끼리 '우리는 옳다'는 집단최면에 빠져서 자칫 객관성을 잃고 폭주하기 쉽다는 점에 대한 경계였다. 그런데 내가 자랑스럽게 생각하던 다독(多讀)에서 비롯되는 깊은 간접경험에도 마찬가지의 한계가 있음을 알았다. 간접경험은 실체감을 느낄 수 없다. 내가 직접 그 상황에 맞닥뜨린 것이 아니기 때문에 작가가 의도한 대로 감정을 따라가면서 '이런 상황에서도 객관적으로 판단하고 있다'는 착각에 빠질 수 있다는 것을 깨달았다. 작가가 의도한 감정을 내 감정과 판단인 양 앵무새처럼 따라 읊으면서 가볍게 소모하곤 간접경험을 알차게 했다고 으스댄 꼴이다.

나는 맥주 작은 캔 하나면 적당히 기분이 좋아지고 다음 날 견딜 만한 정도의 숙취를 앓는다는 것을 경험으로 알고 있다. 하지만 얼마나 마셔야 이성이 통제를 잃고, 내 술버릇이 무엇인지는 취할 정도로 마셔 본 적이 없기 때문에 알지 못한다. 사실 큰 캔 하나 정도를 마시면 얼굴이 며칠 내내 새빨개지기 때문에 일부러 자제한 탓도 있다.

그런데 한번은 친구들을 오랜만에 만나고 너무나 기분이 좋은 나머지 주면 주는 대로 마시고 또 준 대로 부어주며 마시다 보니 다섯 마리의 개가 되어 하마터면 홍대에서 얼어 죽을 뻔했다. 이튿날 10시쯤 서로 눈을 떴는데 노래방을 나선 것은 어렴풋이 기억하면서 누가 어떻게 숙소까지 이끌고 왔는지, 그 사이에 무슨 일이 있었는지는 아무도 기억하지 못한 것이다. 가닥가닥 끊긴 기억들 사이로 내가 앞장서서 소리치고 고압적으로 지시하듯 이끈 것은 기억이 난다. 아마도 내 술버릇이 리더처럼 나서서 행동하려고 드는 것인가 보다. 핸드폰에 찍힌 술값과 택시요금을 보니 숙소로 이끈 것도 나인가보다.

여러 매체에서 술에 취한 사내들이 휘청대며 도심을 배회하는 꼴을 묘사한 것을 보면서 '나는 저러지 말아야지' 했는데 내가 '저러고' 말았다. 직접 경험하고 나니 그들이 왜 그랬는지 잘 알 것 같다. 때로는 이성이 분위기에 지고 감성에 휘둘려서 같이 폭주하는 경우가 있다는 것을 알고 있는데, 오랜만에 한자리에 모인 친구들이라는 반가움과 떠들썩하게 떠들고 노래하던 학창시절을 떠올리게 만드는 그리움, 그 때는 손도 못 대던 술을 서로 주거니 받거니 한다는 미묘한 배덕감이 더욱 취하기 쉽게 만들었으리라.

어떤 어려운 일도 성공하든 실패하든 일단 한번 해보고 나면 자신감이 팍팍 붙는다. 경험이 중요한 이유이다. 나는 전자제품을 사면 일단 설명서를 정독하는데, 떠올려보면 설명서를 읽더라도 한 번 전자제품을 다뤄봐야 설명서를 읽은 내용이 깊이 이해가 되어 내 것이 된 경우가 매우 많았던 것 같다. 간접경험은 체험에 앞선 설명서에 지나지 않다는 것을 한 번의 만취해보는 경험에서 깨달았다. 이 또한 여러 번 책에서 봤던 이야기이지만 직접 경험하면서 설명서의 내용을 떠올리고서야 비로소 내 것이 되었다. 어설프고 선불렀던 나를 후회하면서 다시 반성한다.

백년지대계를 망치는 일초

어린 시절을 떠올려보면 그때에도 신조어는 꽤 많았다. 하지만 어린 시절의 내가 자라서 지금의 내가 되었기 때문에 어린 시절에도 유행어니 신조어니 남들 다 쓴다고 나도 쓰기에는 자존심이 용납하지 않았다. 올바른 언어를 구사하고 생각해야한다는 강박이 있었다.

언제나 세상에는 신조어가 등장하고 곧잘 사멸하곤 했다. 언젠가 불현 듯 나타난 '팩트'라는 말은 국어사전에 실리지도 않았으면서도 이제는 아나운서까지 쓰는 말이 되어버렸고 최근에는 삶을 즐긴다는 의미의 '욜로', 자신의 무언가를 뽐낸다는 의미의 '플렉스', 이유 없이 미운 사람을 '깔미' 등 나날이 다양한 곳에서 다양한 신조어가 나타나고 있다.

어린 시절을 떠올려보면 그때에도 신조어는 꽤 많았다. 하지만 어린 시절의 내가 자라서 지금의 내가 되었기 때문에 어린 시절의 나 또한 유행어니 신조어니 남들 다 쓴다고 따라 쓰기에는 자존심이 용납하지 않았다. 올바른 언어를 구사하고 생각해야한다는 강박이 있었다. 그래서 어린 시절의 나는 주변에서 욕이나 유행어를 입버릇처럼 내뱉는 것을 매우 싫어했다.

그런 면에서 나는 어린 시절 담임선생님들, 친구들 운이 참 좋았던 것 같다. 대부분 판에 박힌듯한 '바른 교사'의 이미지에 맞는 말과 행동을 갖춰서 내가 생각하는 '품위'를 보여줬고, 욕이나 유행어를 그리 자주 쓰지 않는 친구들을 만났으니 말이다. 그래선지 딱히 사춘기가 온 줄도 모르게 지나간 것 같다. 그럼에도 불구하고 내 학창시절 중 초등학교 2학년 때의 담임선생님은 꽤 나쁜 인상으로 남아있다.

속 좁고 공사를 구분할 줄 모르는 구닥다리 교사. 당시가 97년, 6차 교육과정에서 7차 교육과정으로 넘어가며 재량권과 창의성을 특히 강조하기 시작했던 시기였다. 덧셈뺄셈은 반드시 세로식으로 계산 흔적을 남겨야하고, 학급임원은 간식을 사야하는데 반장 부반장에 회장 부회장까지 뽑으면서 같은 학년 다른 반에 있는 자기 딸의 것까지 사야하고, 우유급식에서 반드시 두 개를 빼서 집에 가져갔다. 그래서 우유급식을 신청하고도 못 마시는 아이들이 늘 있었는데, 어른이 하는 일이니 당연히 옳은 것으로 알고 우유급식이 오는 2교시 후 쉬는시간이면 놓치지 않기 위해 당번의 뒤를 쫄래쫄래 따라가는 친구들이 꽤 있었다.

한 번은 내가 늘 반에서 책을 읽고 있으니 딸에게 읽히기 위해 한 권 빌려달라고 내게 부탁한 적이 있었다. 그래서 만화로 읽는 수호지 1권과 제목이 기억나지 않는 얇은 어린이소설 한 권을 줬는데, 학년이 끝날 때까지 받지 못해서 결국 책장의 수호지는 이빨이 빠진 신세가 되었다.

내가 교사가 되고 싶다고 생각했던 것도 이쯤이었던 것 같다. 저 사람보다는 내가 훨씬 잘 할 수 있다는 자신감이 있었다. 요즘세대의 누구라도 그 교사보다는 융통성 있고 규칙대로 잘 가르칠 것이다. 그런 믿음이 있었다.

그런데 아무리 통신이 발달해서 섬마을 영희가 소꿉놀이한 것도 기사가 되는 시대라지만 그 때 그 교사와 다를 바 없는 교사가 빈번하게 증언된다. 대한민국 건국 이래 가장 교사가 되기 어려운 시대인데 왜 바뀐 것이 없을까? 나는 국가의 철학이 그대로라서 그런 것이 아닐까 하는 의심을 한다.

전후 산업화를 거치면서 교육은 '조국의 일꾼'을 육성하기 위한 것으로 기능했다. 말과 글은 통일성이라는 명목과 표준어라는 기수를 앞세워 방언과 구전문학을 말살하려했다. 얼마 전 모교에 갔다가 만났던 지금 대학 새내기들이 나와 딱 10살 차이인데, 그들은 나보다도 더욱 표준어에 가까운 억양과 말씨를 사용했다. 광주토박이들이었는데도 말이다. 많은 경우 통일성은 효율성의 토대로 활용된다. 급격한 산업화와 효율성, 조국의 일꾼을 같이 놓고 보면 개개인을 국가 발전을 위한 부품으로 사용하기 위한 규격화를 위해 교육을 이용했다는 의심이 크게 든다.

초등학교 5학년 때 담임선생님은 이런 교육풍토와 전혀 어울리지 않는 분이었다. 꽃이 피면 화단에서 과학수업이라며 꽃구경을 하고 날이 맑으면 도덕이라며 병설유치원 옆 히말라야시다 아래에서 자치기, 비석치기, 땅따먹기, 제기차기를 가르쳐주셨다. 눈이 오면 눈놀이를 하며 옛날이야기를 하고 자전거를 타고 통학하는 친구들을 모아서 교통수칙을 가르쳐주셨다. 시험 성적이 낮은 것을 나무라는 대신 계주에서 넘어진 친구를 비난하는 것을 나무라셨다. 우리는 다른 선생님들을 별명으로 막 부르면서도 담임선생님을 섣불리 별명 붙여 부르지 못했다. 임용고시는 이런 선생님들을 알아보지 못한다. 최고의 학원강사를 뽑을 뿐이다.

3

어리석은 현자들의 상상력

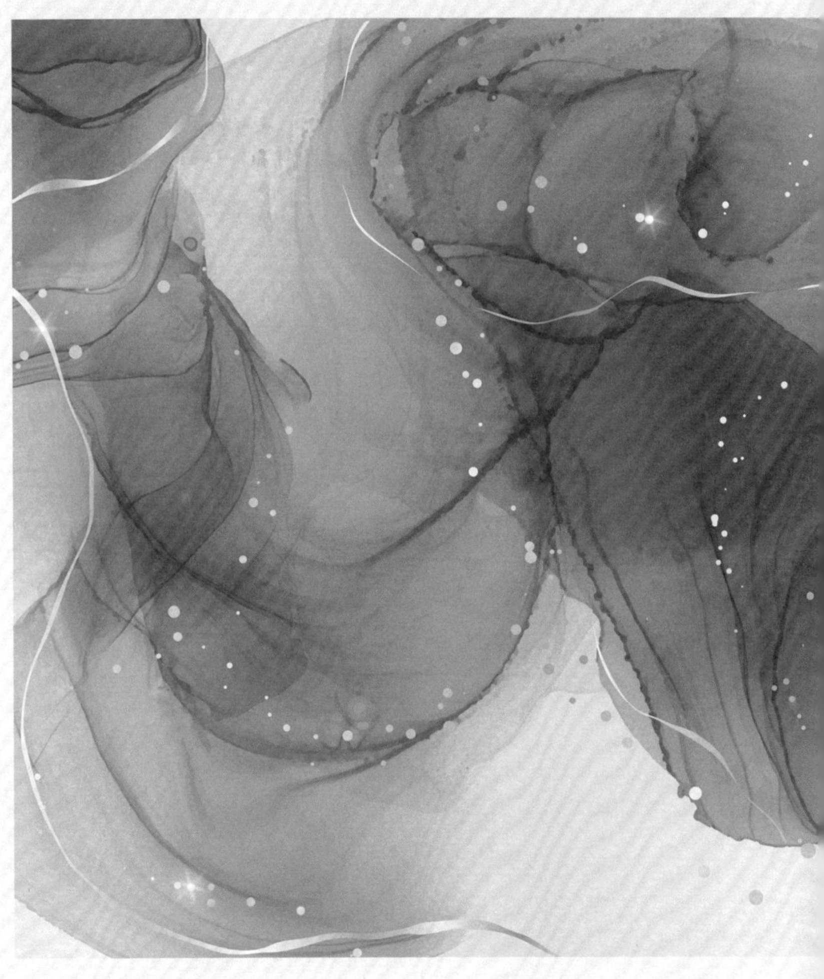

어리석은 현자들의 상상력

인터넷이 현실의 일부로 의태하면서 사회는 세대가 더욱 벌어지고 성별이 갈등하고 지역이 분열되고 정치성향이 나를 집어삼키는 법도 질서도 없는 혼돈 그 자체가 되었다. 하다하다 이제는 현실의 문제가 인터넷에서 확산되는 것을 넘어 오히려 인터넷의 문제가 현실에 영향을 주기까지 한다.

어릴 때 『반지의 제왕』을 읽은 적이 있다. 영화도 봤지만 나름대로 머리가 굵어가면서 몇 번이고 다시 본 반지의 제왕에서는 내게 큰 질문을 하나 던졌었다. 그리고 수 년 후 대학생이 되어 읽은 반지의 제왕 세계의 역사를 적은 『실마릴리온』에서도 또 한 가지의 질문을 던져주었다. 오직 인간만이 사는 우리 지구에서는 피부색만으로도 서로 증오하고 혐오하고 판단하는데 저 세계에서는 어떻게 여러 종족이 공존할 수 있는가 하는 것이 하나이고, 인류가 초능력을 지녔다면 과연 현대와 같이 평등과 자유를 주장할 수 있었을까 하는 것이 또 하나이다.

톨킨의 세계관에서는 지성체가 여럿 등장한다. 신이 있고, 신들이 빚어낸 요정, 난쟁이, 호빗, 엔트에 인간, 용들. 심지어 고블린이나 오르크라는 괴물마저도 전쟁을 수행할 정도의 지성을 가지고 있다. '나와 다른 존재'가 여럿이나 세상을 활보하고 있는 끔찍한 세상인 것이다.

인간이 가지는 '나와 다른 존재'에 대한 공포는 상상 이상이다. 제국주의 시대의 유럽인들은 흑인을 사람이라고 생각하지 않았고, 중세의 동아시아에서는 백인은 색목인이라며 마치 도깨비같은 존재라 여겼고 흑인은 아예 해귀(海鬼)라며 귀신취급을 하며 같은 인간임을 부정했다. 나치독일은 과학을 끌어들여 유대인과 집시를 게르만과는 '다른' 열등한 '인종'이라며 탄압하고 학살했고 일본제국 또한 '우수한 일본 신민'이 아시아를 보호해야 한다며 침략하고 수탈하는 것을 정당화하려고 시도했다. 현대에도 시골에 가면 온갖 텃세를 부리며 '다른' 지역에서 온 이주민을 차별하고 밀어내려 시도하곤 한다.

아무리 생각해보아도 지성체는 내 씨의 번영을 위해 나와 관계없는 다른 지성체를 밀어내려는 동물적 습성을 버리지 못한 존재인 것 같다. 그런데 톨킨의 세계관에서는 여러 종족이 명멸하다가 결국 인간만이 남는다고는 하지만 딱히 서로 드러내놓고 반목하고 싸운다기보다는 국가 대 국가간의 전쟁과 알력다툼같은 느낌을 보여줬다. 심지어 그려지는 시대상이 유럽의 중세 봉건주의 시대와 흡사한데 다른 종족의 문화를 숙지하고 이해하고 존중해준다니 도저히 가능할 리가 없다.

마찬가지로 사람에게 특별한 초능력이 주어졌다면 같거나 비슷한 능력을 쓰는 존재들끼리 혹은 가치 높은 능력을 가진 존재들끼리 뭉치고 나머지를 배척하는 역사가 쓰여졌을 것이다. 때문에 나는 지구상에 보잘것없는 신체능력을 가진 인간만이 유일한 지성체로 존재한다는 사실에 안도한다.

IMF를 지나던 어린 시절의 어느 날 갑자기 인터넷의 시대가 왔다. 그건 정말로 갑자기라고 밖에 표현할 수 없는 것이었다. 지금 와서는 인터넷 없는 삶은 상상도 할 수 없게 되었지만 그 때는 너무나도 낯설고 꿈과 희망이 가득한 원더랜드였다. 오죽했으면 '닷컴버블'이라는 환상에 전 세계가 푹 빠져있었겠는가.

수많은 지식인들이 말했다. 인터넷은 종교도 국경도 인종도 세대도 초월한다고. 그러므로 세계는 인터넷을 통해서 화평하고 건설적인 미래를 그릴 수 있는 토양을 마련할 것이라고. 그러나 현재에 와서는 그런 장밋빛 전망은 모두 꿈과 환상이었고 현실을 전혀 모르는 어리석은 전망이었다는 것을 모두들 알고 있다. 인터넷은 압도적인 정보량으로 인간이 품는 미지에 대한 환상을 박살낸다. 거름망에 걸러지지 않은 악의와 증오를 날것 그대로 상대에게 전해준다. 무협지에서 '심즉살'이라는 용어가 자주 나온다. 문자 그대로 읽는다면 마음먹으면 바로 죽일 수 있다는 것인데, 인터넷에 흐르는 악의와 증오는 그야말로 심즉살 그 자체나 마찬가지이다.

이토록 인터넷이 현실의 일부로 의태하면서 사회는 세대가 더욱 벌어지고 성별이 갈등하고 지역이 분열되고 정치성향이 나를 집어삼키는 법도 질서도 없는 혼돈 그 자체가 되었다. 하다하다 이제는 현실의 문제가 인터넷에서 확산되는 것을 넘어 오히려 인터넷의 문제가 현실에 영향을 주기까지 한다.

현대에 홀로 신화를 창조한 톨킨, 인터넷의 밝은 미래를 기대했던 수많은 지식인들, 이처럼 영리한 사람들이 왜 현실을 직시하지 못하고 희망어린 미래를 예측하는 실수를 한 것일까? 세계적인 인재들이 돈을 굴린다는 월가에서 어째서 닷컴버블이라는 함정에 빠졌는지를 생각해보며 추측을 할 수는 있겠다. 월가의 인재들은 오히려 현실을 너무나 잘 알았기 때문에 함정에 빠진 것이라고 나는 생각한다. 그들은 IT의 발전이 세계에 가져올 근본적인 변화를 누구보다도 먼저 눈치챘을 것이다. 하지만 기술의 발전이 그들의 기대와 예측을 따라오지 못했기 때문에 기술의 개발보다 대중의 실망이 먼저 도달했을 뿐이었다. 너무나 현명하기 때문에 다가올 미래를 바람직하게 상상해내고 설계할 수 있었을 것이다. 그러나 결과적으로는 어리석은 과거로 남고 말았다.

백범의 나라

삼김의 시대에 우리는 민주화의 위업을 달성했다고 했지만 여전히 국민의 위에 정치인이 군림하는 권위의 시대였다. 김구 선생이 한없이 가지길 바랐던 "높은 문화의 힘"은 "돈"을 벌어 "성공"하는데 도움이 되지 못하는 잉여학문에 불과했다.

가장 어려웠던 순간 임시정부를 지탱했던 백범 김구 선생은 우리나라 근대사에서 존경받는 인물들 중에서도 손에 꼽히는 위인이다. 이는 그의 행적 뿐만 아니라 여러 어록에서 현대의 우리가 가장 원하는, 가려운 곳을 긁어주는 말이 많기 때문일 것이라고 확신한다. 그의 백범(白凡)이라는 호는 백정(白丁)과 범부(凡夫)에서 따온 것으로, 보통 평범한 사람을 상징하는 것으로 설명한다.

"자유와 자유 아님이 구분되는 것은 개인의 자유를 속박하는 법이 어디서 나오느냐에 달렸다. 자유 있는 나라의 법은 국민의 자유로운 의사에서 나오고, 자유 없는 나라의 법은 국민 중의 어떤 일 개인 또는 일 계급에서 나온다. 일 개인에서 나오는 것을 전제 또는 독재라 하고, 일 계급에서 오는 것을 계급 독재라 하고 일반적으로 파쇼라고 한다."

평범한 사람이 자유를 말했다. 우리는 스스로를 상식인이라고 확신한다. 그리고 법은 국회에서 국회의원이 만드는 것으로 알았다. 그러나 최근에는 많이 달라졌다. 수많은 시민단체가 법을 바꾸고 만들고 심지어는 시민단체가 아니라 평범한 시민 한 명 두 명이 법을 바꾸기도 한다. 물론 여전히 법에 효력을 불어넣는 역할은 국회의원의 고유권한이지만 그런 국회의원을 움직이는 힘이 수많은 보통사람에게 있음을 깨닫는 시대가 도래한 것이다.

김구 선생의 말을 빌려 우리 현대사를 돌이켜보면 이승만과 박정희의 시대는 일개인에서 자유가 나오는 전제국가였다. 신군부의 시대는 독재에서 국민의 국가로 격변하던 시대였다. 삼김의 시대에 우리는 민주화의 위업을 달성했다고 했지만 여전히 국민의 위에 정치인이 군림하는 권위의 시대였다. 김구 선생이 한없이 가지길 바랐던 "높은 문화의 힘"은 "돈"을 벌어 "성공"하는데 도움이 되지 못하는 잉여학문에 불과했다.

하지만 시대가 바뀌었다. 전쟁은 상호확증파괴와 이음동의어가 되어 영토의 정복이 미래의 부강함을 보증하지 못하게 됐다. 하지만 문화는 서로 함께 윤택해지면서도 또한 상대를 내게로 끌어당겨 가슴 깊이 끌어안고야 마는 형태로 정복전쟁을 수행하는 최고의 전쟁도구임을 뒤늦게 깨닫게 된 것이다. 김구 선생은 "높은 문화의 힘"을 가지길 바라는 이유로 "문화의 힘은 우리 자신을 행복되게 하고, 나아가서 남에게 행복을 주겠기 때문"이라고 덧붙였다. 딱 그 말대로다.

이 문화를 만드는 주체는 누구인가? 대형 기획사? 작가? 감독? 세계에서 가장 강력한 사회주의 국가인 중국마저도 자본의 눈치를 보는 마당에 그들 또한 자본의 영향에서 자유롭기는 꽤 어려울 것이다. 그들이 눈치를 볼 자본은 대중이다. 연예인지망생을 훈련시키고 책을 만들고 영화를 만들 때 어떻게 진행해야 대중의 흥미를 이끌어낼 수 있을지를 고민해야 한다. 미국에서 트럼프가 당선됐을 때 중우정치 혹은 빈민정치라는 말을 꺼내는 정치평론가들이 있었다. 자극적이고 배타적인 논리로 '저층백인남성'의 표를 몰아갔다며 말이다. 그러나 이제 와서 생각해본다면 그들은 가까운 시일에 자신들에게 득이 될만한 공약을 약속하는 '성공한 백인남성'에게 표를 준 나름대로 합리적인 결정을 한 것이 아니었나 싶다. 다시 말하자면 개인이 모이면 정치논리로 단순하고 어리석어진다는 중우정치라는 현상은 쉽게 일어나기 힘들 것이라는 것이다. 오히려 어리석은 개인들이라도 모여서 대화와 정보교환을 이루면서 한발치라도 더 개인 혹은 개인이 속한 집단에 이익이 될법한 선택을 할 가능성이 더 높을 것이다. 인간은 늘 과거를 보면서 후회를 하지만, 동시에 미래를 걱정하면서 현재를 살기 때문에 이해 타산적이고 누구나 그 나름대로의 계획을 가지고 선택을 반복한다. 그러므로 대중은 어리석어지기 어렵다.

나는 세계를 모른다. 당장 내가 사는 이 광주도 10년 넘게 살았던 동구나 좀 알지, 그 외 지역은 내비게이션 없이는 심봉사나 다름없는데, 세계가 어떻고 품평하는 것은 어불성설일 것이다. 그러나 최근 여러 면에서 우리나라 시민들이 바뀌고 있다는 것은 알 것 같다. 실망스럽게 퇴진한 대통령과 기대를 안고 당선된 대통령, 그리고 기대를 충족시켜주지 못하는 대통령의 현실. 과거였다면 자연스럽게 정치혐오와 체념으로 이어졌을 것이다. 그런데 이제는 정치인이 못하면 우리가 하겠다며 대중이 정부에게 예산과 행정력을 요구하기 시작했다. 시민단체가 아니라 개인들이 말이다.

우리 마을 개천가의 쓰레기가 흉물스러우면 마을 주민들이 치우고 예산을 요구해서 꽃을 사다 심는다. 우리 지역 도로가 호우때마다 빈번하게 침수되어 불편하니 인근 CCTV를 볼 수 있는 스마트폰 앱을 개발해서 정보를 공유한다. 우리 아파트단지에는 노인들이 많은데 할 일이 없으니 인근 복지센터에 직업교육 프로그램을 요구하고 지자체에 프로그램을 운영할 예산과 행정적 지원을 요구한다.

그간 이런 사례들이 없었던 것은 아니다. 그러나 빈도가 월등히 늘어나고 있다. 행정부가 미처 마련하지 못한 우리 생활공간에 최적화된 정책을 우리가 요구하면서 경제구조에서도 변화가 일어났다. 예산을 배당받을 때 지역은 일을 전담할 전담자가 필요했고, 때문에 지역에 일자리가 생겼다. 국회에서 일할 한 명의 지역구 국회의원이 아니라 당장 우리 지역에서 수시로 만나 의견의 대리자 혹은 조율자가 되어줄 실무자가 전국에 수도 없이 필요하게 되었으니 그 인건비만으로도 엄청날 것이지만, 행정부가 전시적으로 낭비했을 예산에 비하면 훨씬 효과적이고 실속있는 비용이 될 것이니 실용적인 일자리가 생기는 셈이다. 기업에 종속되어 기업의 경제적 이익만을 위해 일하던 경제구조에 지역의 환경개선을 목적으로 하는 직종이 새로이 창출되었다. 사회구조의 변화나 의식변화를 주 목적으로하는 시민단체와는 다르게 국소적이고 현실적인 새로운 직종의 출현이다.

백범 김구 선생이 바랐던 "높은 문화의 힘"에는 서적과 공연물이 포함됐을 것이나 그보다는 보다 본질적으로 우리 삶에 직결되는 일상을 의미했을 것이다. 일찍이 우리는 두레와 향약, 품앗이라는 마을공동체의 문화를 가지고 있었다. 그것이 현대에 와서는 지자체의 예산과 행정력에 영향을 끼칠 수 있는 형태로 진화한 것이라고 본다면 "높은 문화의 힘"은 역사라는 리빙랩의 인큐베이터에서 점차 성숙하고 있었던 것일지도 모르겠다.

우리나라에 있었던 여러 정치적 사건들을 보면서 '저 사람들은 우리나라 최고의 엘리트들인데 꼭 저렇게 법의 빈틈을 노리며 정의롭지 못하게 살아야 할까? 그러면서 대중 앞에서는 자신만이 정의롭고 청렴한 척을 하다니 역겹기 그지없는 작태다'는 생각을 했다. 더불어서 대중들이 원하는 정치인이 대단한 카리스마를 지닌 엘리트에서 나와 공감해줄 수 있는 평범한 이웃주민으로 바뀌어가는 순간을 겪고 있는 것이 아닌가 하는 생각을 했다. 정당들이 혁신인재라며 영입하는 대상들이 청년, 이주민, 여성 등인 것을 보면서 '그래, 저런 사람들이 정치 한번 하면 좋겠다'며 내심 공감하는 나를 발견했기 때문이다.

임시정부를 지탱했던 백범은 전혀 평범한 사람이 아니었다. 우리 역사의 가장 암울했던 시기를 이겨낸 위인들 중 한 명이 평범한 사람이기는 힘들 것이니 말이다. 그러나 지금 내가 살아갈 시대는 수많은 평범한 사람들이 "높은 문화의 힘"을 이룩

해가는 시대가 될 것 같다. 지역의 수많은 작은 리더들이 수많은 지역주민들의 지혜를 모으는 수많은 직접민주주의의 연속을 이룰 것이니 수많은 기발하고 혁신적이고 실용적인 발상들이 "높은 문화의 힘"을 이끌어내는 견인차가 될 것이다.

자유의 자유

민주주의와 자유는 동의어가 아니다. 그럼에도 우리가 민주주의와 자유를 혼용하고 혼동하는 이유는 민주주의라는 정치체제의 범위 내에서 자유를 누리고 있기 때문일 것이다. 말하자면 민주주의는 최대의 자유를 자유를 보장하는 최소의 제약인 셈이다.

중학생 때 보았던 수많은 소설 중 『은하영웅전설』이라는 일본의 SF소설에서는 최악의 민주주의와 최선의 제국주의 중 어느 쪽이 국민에게 이로운가라는 주제를 배경으로 삼았다. 이 소설에서 최악의 민주주의는 몰락에 몰락을 거듭하다가 결국에는 수백만의 자국민을 전사시킨 제국에게 스스로 국가를 헌납하는 웃기지도 않는 일을 저지르고 만다.

이 소설을 읽은 누구라도 제국주의의 정점인 황제 라인하르트가 민주주의의 수호자인 양 웬리 장군에게 "민주주의는 인민들의 자유의지로 자신들의 제도와 정신을 타락시키는 체제인가?"라고 비꼬는 장면을 인상깊게 기억할 것이다.

또한 국가의 원수인 위원장의 애국을 호소하고 전쟁에 앞장설 것을 주장하는 연설에 모두들 기립할 때 양 웬리가 기립하지 않는 장면도 떠오를 것이다. 왜 기립하지 않느냐는 질문에 '이 나라는 자유의 나라이며 기립하고 싶지 않을 때 기립하지 않을 자유가 있다. 나는 그 자유를 행사하고 있을 뿐이다'고 답하고, 또다시 왜 기립하고 싶지 않은지를 물으니 '대답하지 않을 자유를 행사하겠다'고 답하는 모습에서 자유는 어디까지 허용되는지 스스로 질문을 던져봤을 것이다.

민주주의와 자유는 동의어가 아니다. 그럼에도 우리가 민주주의와 자유를 혼용하고 혼동하는 이유는 민주주의라는 정치체제의 범위 내에서 자유를 누리고 있기 때문일 것이다. 말하자면 민주주의는 최대의 자유를 자유를 보장하는 최소의 제약인 셈이다. 그렇다면 80년대 민주투사들이 자유를 부르짖으면서도 왜 이 자유를 제약하는 민주주의를 쟁취하고자 피흘려 싸웠느냐 할 것이다. 공화주의와 자유주의가 서로 교집합이 있으면서도 또한 다른 것으로 구분되는 이유가 여기에 있다.

공화주의는 '자연상태'에서는 약자가 강자의 자의에 예속되는 '자의적 지배'가 존재하므로 법적으로 자유를 보장해야만 자유가 존재할 수 있다고 말한다. 반면에 자유주의에서는 개인이 다른 개인의 기본권을 침해하지 않는 이상 그 누구도 함부로 간섭해서는 안 된다고 말한다. 즉, 공화주의의 자유는 기본권의 보장과 더불어 법의 제한을 받지만, 자유주의의 자유는 기본권의 보장 하에서 제한이 없어야 한다는 차이가 있는 것이다. 독재시절에는 공화주의적 시점의 자유만으로도 대단한 진보이자 성취였기 때문에 충분히 목표로 할법했다고 여겨진다. 우리나라가 민주주의를 쟁취해냈고, 유지하고 있기 때문에 우리가 누릴 수 있는 자유는 최소한 공화주의에서 말하는 자유만큼은 충분히 보장받을 수 있게 되었다. MZ세대라고 함부로 묶어 칭하는 세대에게 86세대가 온갖 욕을 다 얻어맞고 있는 상황에도 불구하고 그들의 업적은 대단하다. 그 덕분에 나는 비교할 수 없이 자유롭게 자랐고, 더욱 자유롭게 말하고 쓰고 읽을 수 있게 되었다. 막스 베버를 읽었다고 보안사에 잡혀가는 웃기지도 않는 블랙코메디를 당하지 않아도 되는 세상이 된 것이다.

그럼에도 불구하고 수년 전 어느 정치인이 국기에 대한 경례와 애국가 제창을 하지 않아서 정치적으로 큰 화제가 된 일이 있었다. 난 당시 그 상황이 너무나 의아했다. 그 정치인이 무슨 짓을 했든 범법자가 아니고 국민으로서의 의무를 다하고 있다면 개인의 행동에는 자유가 있어야 한다고 생각했기 때문이다. 법에서 국민의례를 반드시 해야 하는 것으로 강제한 것이 아니니 충분히 할 수 있는 행동이었다고 생각했다. 그저 정치적 후폭풍을 스스로 책임지면 될 일이었다.

나 또한 TV나 뉴스를 보다가 꼴도 보기 싫은 정치인이 나오면 절로 인상이 찌푸려지곤 한다. 그러나 그렇다고 그가 딱히 범법자가 아니라면 초법적 방법으로 정치에서 축출당하기를 원하지도 않는다. 우리나라는 사적 처벌을 금지하고 있다. 마찬가지 논리로 법적으로 문제가 없는데 감정으로 정당한 지위에서 축출해낸다면 조선시대에 여러 번 있었던 사화보다도 후퇴한 것이 되고 만다. 최소한 사화는 유교국가에서 유교적 명분에 의해 이뤄진 것이었기 때문이다. 자유민주주의 국가에서 자유는 가장 중요한 가치이므로 자유를 훼손하는 그 모든 시도는 부정되어야 할 것이다.

'국기에 대한 맹세'에서 이렇게 다짐한다. '나는 자랑스러운 태극기 앞에 자유롭고 정의로운 대한민국의 무궁한 영광을 위하여 충성을 다할 것을 굳게 다짐합니다.' 어린 시절 '나는 자랑스런 태극기 앞에 조국과 민족의 무궁한 영광을 위하여 몸과 마음을 바쳐 충성을 다할 것을 굳게 다짐합니다'라고 했던 것에 비해 크게 공화주의적 문구로 수정된 것이다. 중요한 점은 '자유롭고 정의로운 대한민국'이다. 자유롭고 정의롭지 못하다면 충성의 대상이 되지 못한다는 경고이자 대한민국은 자유롭고 정의로운 나라의 상태를 유지해야 한다는 또 한 번의 경고인 것이다. 우리가 국가의 구성원으로 소속되는 조건을 제시하였고 조건을 충족하지 않을 시 촛불을 들고 횃불을 들고 국가의 권위를 거부할 것임을 천명한 것이며 우리는 실제로 수년 전 행동으로 옮긴 바가 있다. 정부를 거부할 자유를 누릴 정도로 우리는 자유롭게 되었다.

그럼에도 불구하고 여전히 '경제적 이유', '신체적 이유'로 자유를 자유의지로 누리지 못하는 경우를 많이 발견한다. 우리가 국가의 소속으로서 요구하는 수많은 것 중 가장 중요한 기능을 해내지 못하고 있는 것이다. 쉽게 해낼 수 있는 기능은 아니지만, 반드시 해내야 할 기능이다. 어떻게 본다면 우리나라식의 '시대혁명'이 있어야 할 부문이다.

고향에서 그리워하는 고향

귀소본능이라는 말이 있다. 흔히 떠올리는 산란을 위해 강물을 거스르는 연어처럼 우리들 또한 언제나 마음 한켠에는 어린 시절의 풍경을 품고 있으니 인간 또한 귀소본능을 가진 동물일 것이다.

귀소본능이라는 말이 있다. 흔히 떠올리는 산란을 위해 강물을 거스르는 연어처럼 우리들 또한 언제나 마음 한켠에는 어린 시절의 풍경을 품고 있으니 인간 또한 귀소본능을 가진 동물일 것이다.

하지만 인간의 귀소본능은 육체적인 것이 아니라 정신적인 것이라고 생각한다. 나는 한 해 서울에 가서 살았다. 주민등록상, 그리고 실제로도 태어난 곳은 서울임이 틀림없는데 서울로 가기 전까지 30여 년을 단 한 번도 그리워해본 적이 없었다. 오히려 서울에 있으면서 광주의 풍경이 자주 떠올랐다. 간혹 친구들과 문자나 통화를 할 때면 그들과 함께 누비고 다니던 서석동, 금남로, 금동, 학동, 화순읍내의 풍경이 떠오르고, 만연사 오르는 길목에 있는 계곡의 맑은 물, 돌 밑의 가재가 발버둥치던 모습이 기억난다. 광주천 청소봉사를 나섰을 때 종아리에 거머리가 붙어 상처가 났던 일조차도 그 때가 재미있었다며 그리워진다. 뉴스에서 5·18단체나 전씨 소식이 들릴 때면 '무등극장'에서 '화려한휴가'를 가족 단체로 관람하다가 계엄군이 무등극장에 진입하는 장면에서 관객 모두가 뒤를 돌아보곤 잠깐 수군댔던 기억도 떠오른다.

사전에서는 고향을 세 가지 의미로 정의하고 있는데, 첫 번째는 우리가 익숙하게 사용하는 '자기가 태어나서 자란 곳'이라는 의미이고, 두 번째는 '조상 대대로 살아온 곳'이며 세 번째가 '마음속에 깊이 간직한 그립고 정든 곳'이다. 옛 농경시대에는 조상이 태어난 곳이 곧 내가 태어난 곳이며 마음속 깊이 간직한 소중한 땅이었다. 하지만 요즘은 교통이 발달하고 삶의 형태가 완전히 바뀐 탓에 조상이 태어난 땅이 내가 태어난 땅이 아닐 수 있고, 내가 태어난 땅과 마음 속 깊이 간직한 소중한 땅이 또한 다를 수가 있다.

그렇다면 진정한 의미에서 고향은 어떤 것일까? 내가 겪고 있는 귀소본능은 몸이 아니라 정신의 것이다. 내가 태어난 대지에서 내가 성장하고 배우고 뛰놀았던 대지를 그리워했다. 나의 모든 경험과 추억이 깃든 장소를 그리워했다.

그래서인지 이산가족의 그리움을 약간은 이해할 수 있을 것 같다. 비명에 가족을 잃은 유가족의 그리움도 약간은 이해할 수 있을 것 같다. 마음속에 깊이 간직한 그립고 정든 대상이 손 닿지 않는 곳에 있으니 애달픔이 배가될 수밖에 없다. 그들의 그리움은 당연한 것이다. 귀소본능이라는 '본능'의 발로이기 때문이니 이를 두고 이러쿵저러쿵해서도 안 된다. 그저 나의 경험을 떠올리며 한 번 이해해주면 된다. 경험의 형태와 상처의 크기가 다를 뿐, 같은 종류의 그리움을 겪고 있을 뿐이다.

인종의 용광로와 비빔밥의 문화

전주에는 전주비빔밥이 있다. 닭갈비를 먹고 나면 남은 음식에 밥을 비벼먹고 샤브샤브를 먹고서도 밥을 비벼먹는게 우리 문화이다. 소스의 맛을 흰 밥이 대표하면서도 제각각의 식재가 제 할 말을 하는 것이 마치 한민족이라는 정체성을 공유하면서도 지역의 특색이 강한 우리나라를 그대로 대변하는 것 같다.

흔히들 미국을 두고 인종의 용광로라고 칭한다. 익히 알다시피 미국이라는 국가는 영국, 독일, 네덜란드 등 유럽의 이민자, 살아남은 인디언, 아프리카 각지에서 끌려온 여러 부족, 혼란을 피해 이민한 아시아의 여러 인종 등 전 세계에서 모여든 전 세계 인종의 집합체이기 때문이며 이러한 역사는 현재진행형이기 때문이다.

그런데 과연 이러한 미국을 왜 인종의 '용광로'라고 부르는 것일까에 대해서 의문을 가져본 적이 있는가? 나는 바로 얼마 전까지만 해도 그러한 의문을 가지지 않았다. 그렇게들 부르고, 또 위와 같이 설명하기에 그러려니 납득했던 것이다. 왜 인종의 용광로인 것일까? 용광로란 불순한 원석을 녹이고 걸러내고 다시 녹이는 과정을 반복해서 순수한 형태의 주괴로 만드는 것을 목적으로 하는 시설이다. 인종의 용광로라는 말은 기실 수많은 문화를 수용하는 다문화의 상징이라기보다는 모든 문화를 '미국적'인 것으로 정제하는 문화선별의 상징이라고 보는 것이 더 타당할 것이다. 어떤 주제로 무엇을 하든 미국에서 만들었다는 것이 티가 나게 되는 '할리우드식 블록버스터'와 같이 말이다.

인종의 용광로 하면 또 만만찮은 국가가 또 있는데 바로 중국이다. 현대의 중국을 생각하면 상상하기 어렵겠지만, 중국이 점령했거나 중국을 점령했던 여러 나라, 민족들은 하나같이 그 흔적만을 미세하게 남기고 중국화하고 말았다.

중국과 미국이 어떻게 인종의 용광로가 될 수 있었는가를 생각해본다면 누구나 비슷한 답을 내놓을 것이다. 거대하고 강력한 경제력을 가진 대상에 침입하기 위해서는 같은 사고를 하는 것이 합리적이며, 그 수단은 곧 문화에 있다. 그러므로 문화적 동질감을 획득하기 위해 내 문화를 그들의 것으로 갈아치우거나 맞게 고치게 됐을 것이라고. 즉 경제력 혹은 권력이 문화를 입장권으로 만든 것이다.

우리 문화의 정수라고 한다면 복잡한 지형에 의한 다양한 식재를 활용하는 폭넓은 식문화를 들 수 있겠다. 그중에서도 비빔밥은 여러 번 세계화를 시도했을 정도로 대중적인 음식이다. 전주에는 전주비빔밥이 있다. 닭갈비를 먹고 나면 남은 음식에 밥을 비벼먹고 샤브샤브를 먹고서도 밥을 비벼먹는게 우리 문화이다. 소스의 맛을 흰 밥이 대표하면서도 제각각의 식재가 제 할 말을 하는 것이 마치 한민족이라는 정체성을 공유하면서도 지역의 특색이 강한 우리나라를 그대로 대변하는 것 같다. 일견 다양한 듯 보이면서도 실은 하나로 융화되고 마는 용광로와 뒤섞여서 하나가 되었으면서도 자기주장이 확실한 비빔밥은 비슷한듯 하면서도 전혀 다른 문화이다.

코로나 판데믹의 초기, 추이를 지켜보던 일각에서 문화산업보다 생산업이 더 낫다는 주장을 하는 것을 보았다. 앞서 이야기하였듯 문화강국들은 경제력이 문화를 수단으로 삼았기 때문에 일견 타당한 주장처럼 들린다. 그럼에도 문화의 저력을 태어난 이래 한결같이 듣고 자란 입장에서는 약간 거북한 주장이다. 바로 한결같이 문화의 저력을 듣고 자랐다는 것이 핵심이다. 문화가 곧 정체성이다. 과거 중국대륙을 정복했던 수많은 민족들은 중국대륙이라는 재산을 소화하기 위해 중국의 관제와 복식, 문화를 수용하여 중국인이 되었다. 정복자는 사라지고 중국인이 남았다. 경제력이 문화를 입장권으로 만들었다는 위의 명제는 본질을 꿰뚫어보지 못하고 현상의 겉표면만을 봤을 뿐인 틀린 주장이다. 실은 문화가 모든 것을 먹어치우고 있는 것이 본질이다.

우리만이 없는 세계, 약동하는 생명력

내셔널지오그래픽에서 제작한 「인류멸망보고서」라는 연작다큐멘터리의 여러 주제 가운데 '어느 날 갑자기 지구상에서 인간이 모두 사라진다면?'이라는 에피소드가 있다. 그런데 마침 다큐멘터리의 예상 그대로 이루어지고 있으니 인간이 지구의 건강을 해치는 주범이라는 것을 부인할 수 없게 되었다.

코로나19 판데믹 직후, 지구에서는 백사장에서 수많은 새끼 거북이 알을 깨고 세상에 나왔다. 산양은 더 많은 풀을 찾아 어제보다 조금 더 내려왔고 판다와 사자 등 수많은 동물은 봄답게 새 생명을 잉태했다. 혹독한 겨울을 극복하고 다시 일 년을 시작한 것이다. 자이언트 판다 한 쌍이 10년 만에 짝짓기를 했다고 뉴스거리가 되었다. 동물원에 사람이 없었기 때문에 짝짓기를 했다고 한다. 백사장에 거북이 알을 낳은 것 또한 백사장에 사람이 없었기 때문이다. 산양은 사람과 차가 다니지 않는 마을로 더 내려와 잔디를 뜯고 정원수를 뜯어먹었다.

이상한 것 없다고 여길법한 자연의 일면들인데도 여러 매체에서 뉴스로서 다뤄졌다. 사실은 산업화 이후 인간이 지구의 방방곡곡을 들쑤시며 다니게 되어 당연하지 않은 일이 되었기 때문이다.

내셔널지오그래픽에서 제작한 「인류멸망보고서」라는 연작 다큐멘터리의 여러 주제 가운데 '어느 날 갑자기 지구상에서 인간이 모두 사라진다면?'이라는 에피소드가 있다. 그런데 마침 다큐멘터리의 예상 그대로 이루어졌으니 인간이 지구의 건강을 해치는 주범이라는 것을 부인할 수 없게 되었다.

누구도 인간종(人間種)이 자연의 일부이자 지구의 구성원이라는 사실을 부인할 수 없다. 지구에서 태어난 모든 동식물의 공통적인 흔적을 공유하고 있으며 지구를 벗어나서는 정상적으로 살 수 없다는 과학적 근거만을 두고 하는 이야기가 아니다. 그렇다고 자연의 질서에 순응하고 살아있는 모든 생명에 대한 존중과 자비심을 강조하는 우리의 전통적인 세계관에 근거를 둔 이야기 또한 아니다. 선천적으로 이기적인 우리의 내면의 이야기이다.

인류사는 전쟁으로 점철되어있다고 한다. 그러나 세계대전 이후로 '선진국'으로 일컫는 국가들끼리 군대와 군대가 맞붙는 전쟁이 사라졌다고 여겼지만 근래에는 또다시 유럽에서 전쟁이 벌어졌다. 인종적이든 문화적이든 아주 가까운 족속 간의 전쟁이니 6·25에 비할만한 비극이 아닐까 하는 생각이 든다.

그러나 대부분 선진국가들이 전쟁을 멈춘 배경은 이기적인 욕망이 냉정하게 셈을 한 결과이다. 저들과 전쟁해서 얻는 이득보다 잃는 손해가 더욱 크다고. 현대사회는 인간을 경제적 가치로 판단한다. 산업화는 노동자를 전문가가 아니라 공장의 부속으로 전락시켰는데, 그 결과 노동자라는 부류의 가치는 밑도 끝도 없이 폭락하고 말았었다. 인간뿐만이 아니다. 희소한 동물, 동물의 부산물, 광물과 자원, 심지어 시간과 사상마저도 가치가 매겨진다. 우리가 선천적으로 이기적이고 이해타산적이라는 사례증명이다.

코로나19 바이러스가 세계적으로 창궐하기 시작하던 지난 2020년 초, 전 세계는 죽는 소리를 냈다. 사람의 왕래가 끊기며 경제교류가 거의 멈춰서였다. 이 시대를 두고 당시 질병관리본부 부본부장이 '코로나19 발생 이전의 세상은 이제 다시

오지 않습니다. 이제는 완전히 다른 세상입니다.'라며 '뉴 노멀'의 시대를 선언했다. 그리고 그사이 지구는 19세기 산업화 이전의 마땅히 자연스러운 자연을 복원해나가고 있었으니 참 역설적으로 느껴진다.

뉴 노멀이라는 말이 참 무섭게 느껴졌지만 곧 익숙해졌다. 익숙한 삶의 형태를 깨고 새로운 형태로 바꿔야 한다는 것인데, 사람 간의 거리를 두고, 신체를 깨끗하게 유지하고 아플 때는 반드시 쉬도록 한다는 뉴 노멀의 기본요소는 딱히 새로운 것이 없어 보여 익숙해졌다. 사람은 마땅히 타자의 사적 공간을 배려하고, 타인과 스스로에 대한 예의로서 몸을 항시 정갈히 유지하고, 아플 때 쉬게 배려해주는 것은 당연한 것이다. 그저 그동안 우리가 배려받지 못했고, 행동에 더욱 유의해줄 것을 당부하는 것일 뿐이다.

지구, 자연에게도 마땅히 그러해야 한다. 태평양에 여러 쓰레기 섬이 있다고 한다. 세계적인 산불이 빈번하다고 한다. 여러 전문가들이 폭염과 가뭄 등 이상기후를 매번 경고하고 있다. 이제는 선을 완전히 넘었다고. 지금 필요한 '뉴 노멀'은 자연을 배려하고, 자연을 깨끗하게 유지하고, 아픔을 치유해주는 '당연한 것'이다.

산업화의 시대에 노동자들은 기계를 때려 부쉈다. 노동자들이 인간적인 대우를 받지 못하는 이유가 노동자의 가치를 떨어뜨린 기계에 있다고 생각했기 때문이다. 현대에는 그러한 기계가 더욱 많아지고 더욱 정밀해지고 더욱 영리해져서 인간이 설 자리는 점차 사라지고만 있다. 그러한 와중에 발생한 코로나19 판데믹은 어떻게 본다면 구시대의 '노멀'을 밀어내고 '뉴 노멀'을 불러오는 도화선이 되었는지도 모르겠다. 세계는 좀 더 느려지고 자연을 치유해야 한다. 바다거북의 산란기에는 해변을 비우고 차를 줄이고 동물원 동물들에게도 사생활이 있음을 확실히 인지해야 한다. 세계가 공장을 멈춘 지난 2년, 하늘이 얼마나 쾌청했는지 생각해보라.

귀뚜라미의 절규

신문을 봐도 TV를 봐도 인터넷을 봐도 싸우는 사람들 밖에 안 보인다. 내 삶이 팍팍하니 모든 것을 있는 그대로 보지 못하고 '나를 속이는 것은 아닐까?', '숨은 나쁜 의도가 있는 것이 아닐까?' 끝없이 의심하고 적대하는 겁에 질린 귀뚜라미들이 되어버렸다.

어린 시절 PC통신을 너무 오래 사용해서 부모님께 혼났던 적이 몇 번 있다. 게임을 하고 소설을 보기 위해서 통신망에 접속할 때 반드시 듣게 되는 멜로디에는 묘한 기대와 흥분이 있었다.

그런데 이제 들을 일 없으리라 생각했는데 어른이 되어 다시 듣게 되었다. 팩스를 보낼 때마다 어릴 적 듣던 그 소리 그대로 연결을 알리고 있는데, 망이 좋지 않은지 간혹 먹통이 되어서, 팩스가 잘 가는지 귀로 감시하게 되었다.

2020년 여름, 사무실의 팩스가 결국 사달을 냈다. 계속 통신 오류가 나서 보내는 데 한세월이 걸리고, 제대로 들어오는 팩스도 몇 통 안 되는 상황이 되어버린 것이다. 팩스기 판매사는 통신사 탓을 하고 통신사는 팩스기 탓을 하는 통에 정신을 차릴 수가 없었다. 덕분에 신호가 잘 안 잡혀서 한 통 보내는데 5분 넘게 삐-하는 소리를 들어야 했다. 약간은 두통이 이는 듯한 느낌도 들었다. 원인 없는 결과라니.

집에 와서는 귀뚜라미 소리가 찢어지게 울리는 것이 꼭 제대로 가지 않아 수십 번을 보내야 하는 팩스 소리 같았다. 듣고 있자니 참 간절하게 들렸다. 저들도 일가친척이 어떻게 지내나 짝은 어찌 지내나 안부를 알리느라 절박한 것처럼 느껴졌다. 그런데 사무실 팩스처럼 잘 안 되는 것 같다고 생각했다.

2020년 추석은 유난히도 황량했다. 그 전년도만 해도 복작대던 집안에 휑하고 오직 풀벌레 우는 소리만이 가득했다. 작은집 가족도 안 왔고 고모네 가족도 안 왔다. 서울의 동생들은 보름 일찍 집에 다녀갔다. 할머니도 코로나19로 요양병원에서 나오지 못하셨다. 그래서 요양병원 창밖 너머로 손주들이 할머니께 손을 흔들어 잘 있다고 안심시켜드리는 수밖에 없었다. 집 가까이 있는 큰외숙모께 다녀오는 길도 한산하기가 평일 퇴근시간보다도 운전하기 쾌적했다. 그래서 일주일에 가까운 추석연휴가 너무도 길었다. 모처럼의 휴일임에도 몸살 난 듯이 욱신거려 툭하면 드러누워 있었다. 코로나19가 멀쩡한 사람을 환자로 만들어버렸다.

추석이 지나고 둘러본 시내에는 문 닫은 카페가 많았다. 식당거리의 식당들도 다 문을 닫은 가운데 아예 방을 뺀 편의점이 눈에 띄었다. 굶주리다 못해 달걀을 훔친 40대가 1년형을 선고받았다는 뉴스도 들려왔다. 전염병이 오래도록 가시질 않으니 사회가 점점 더 팍팍해지는 것 같다.

예전에는 어색한 자리에서, 마찰 없이 부드럽게 상황을 진행하기 위해서 건강이나 날씨, 고향 이야기를 하곤 했다. 하지만 지금 시대에는 건강을 이야기하려면 상대가 혹시 채식주의자는 아닌가, 채식주의자에게 비호감을 가진 것은 아닌가 염려되고, 날씨를 이야기하다가는 정부의 미세먼지 대책 혹은 중국에 대한 입장차로 더욱 껄끄러운 상황이 되지 않을까하는 걱정이 든다. 고향 이야기를 꺼내고자 하더라도 도시화 되어가는 시골에서 자란 사람과 도시에서 자란 사람, 시골에서 자란 사람 간에 서로 공감하고 대화를 진행하기가 참 어렵다.

다극화 세계라더니 양극에 선 사람끼리 만나게 되는 경우도 흔하고, 어떤 사안에서는 양극점이면서도 또 다른 사안에서는 같은 극에 서 있는 경우도 드물지 않을 정도로 너무나도 극이 많은 것 같다. 다극화라기보다는 수많은 분야에서 끊임없이 양극화가 발현하고 있는 것이 아닌가 하는 생각이 강하게 든다. 그런 까닭에 신문을 봐도 TV를 봐도 인터넷을 봐도 싸우는 사람들 밖에 안 보인다. 내 삶이 팍팍하니 모든 것을 있는 그대로 보지 못하고 '나를 속이는 것은 아닐까?', '숨은 나쁜 의도가 있는 것이 아닐까?' 끝없이 의심하고 적대하는 겁에 질린 귀뚜라미들이 되어버렸다. 공포 때문에 침입자를 끝내 시체마저 찢어버리는 귀뚜라미 싸움터가 되어버린 것 같다.

소설, 뮤지컬, 영화 등 여러 형태로 레미제라블이라는 작품을 탐독하며 장발장이라는 인물에 여러 차례 깊게 감동했다. 미리엘 주교를 만나기 전의 장발장은 더이상 떨어질 곳도, 올라갈 곳도 없다는 절망의 화신이었다. 그러나 그가 사회 밑바닥의 밑바닥에서 분노와 증오만으로 가득 찼을 때, 지친 그의 영혼을 품어준 미리엘 주교의 인품. 그리고 주교의 자비와 인류애를 통해 회개한 장발장의 끝없는 사랑의 삶. 미리엘 주교를 만난 이후의 장발장은 '이런 나라도 신실하고 사랑을 위하는 삶을 살 수 있으리라'는 희망의 화신으로 느껴졌다. 마치 십자가에 매달린 예수 좌우의 두 강도가 한 사람으로 묘사된 듯한 인상이었다.

귀뚜라미는 짝을 만날 수 있을지, 오늘처럼 괜찮은 내일을 살 수 있을지에 대한 어떠한 희망도 없다. 때문에 제대로 보내지지 않는 사무실의 팩스와 같이 끝없이 비명을 지를 수밖에 없다.

공수래공수거의 유산

공수래공수거라는 옛말은 허무주의자들이 흔히 인용한다. 신해철은 그의 노래 「우리 앞의 생이 끝나갈 때」에서 '우린 그 무엇을 찾아 이 세상에 왔을까'라고 질문한다. 그리곤 '지나간 세월에 후회 없노라고' 답할 수 있겠느냐고도 묻는다.

어린 시절 저녁 무렵이면 늘 동생과 함께 TV앞에 앉아 만화를 봤다. 만화 주인공은 반드시 착한 사람이고 다소의 흠결이 있어도 금세 성장의 계기를 놓치지 않고 극복해내 악을 징벌해냈다. 그중에 내 영웅은 없었으나 일말의 비굴함도 없고 세상에 타협하는 바 또한 없는 일관된 자세는 한없이 크게 보였다. 숫기가 없어 남 앞에 나서길 즐기지 않는 내가, 반에서 친구들끼리 만화 이야기를 할 때는 주도하듯 나섰으니 참 그 주인공들을 좋아했던 것 같다.

하지만 머리가 굵어가면서 만화를 보지 않게 되었고, 이제는 그 주인공들의 이름이 무엇이었는지, 어떤 내용이었는지도 거의 기억나지 않는다. 대학생 시절에는 어릴 때 보던 그 만화들이 유치했다고도 생각했고, 어린아이들에게 권선징악을 심어주기 위한 프로파간다의 수단이었다고도 생각했다.

유튜브 음악을 백색소음으로 삼으며 타이핑을 하던 중 우연히 어릴 적에 봤던 만화를 한 편을 듣게 되었다. 족히 20년은 더 된 투박한 말투와 뻔히 드러나는 클리셰의 서사 진행이지만 남과 나를 비교하지 않고, 가는 길이 험해도 결국 뚫고 나아가는 뚝심, 어린 시절 좋아했으면서도 어느샌가 잊고 있던 주인공들의 본질. 현실을 살아가며 인간을 불신하고 나를 불신하고 내 미래를 끝없이 의심하기만 하는 현재의 내게 필요한 덕목을 어린 시절에 이미 수백 번은 지켜봤는데 까맣게 잊고 있었다.

글을 쓰는 사람으로서 자기검증은 끝이 없어야 할 것이다. 끝없이 자기논리의 속으로 함몰되다 보면 결국 세상에게서 문을 걸어 잠근 채 홀로 썩어가는 글만을 배설해낼테니 말이다. 하지만 끝없는 자기검증의 순간에도 믿음을 잃지 말아야겠다는 생각이 든다. 검증의 과정에서 내 결함을 발견했다면 보완하기 위해 노력하면 그만이지, 믿음을 버릴 이유는 아니다.

공수래공수거라는 옛말은 허무주의자들이 흔히 인용한다. 신해철은 그의 노래 「우리 앞의 생이 끝나갈 때」에서 "우린 그 무엇을 찾아 이 세상에 왔을까"라고 질문한다. 그리곤 "지나간 세월에 후회 없노라"고 답할 수 있겠느냐고도 묻는다.

빈 손으로 온 사람이 살아생전 두 손에 움켜쥔 것이 떠나갈 때는 어디로 다 흩어져버리는 것일까? 그저 삶의 방식대로 세상에 남아 내가 어떤 사람이었노라고 증거를 남긴다. 만화 속의 주인공들은 권선징악의 대리인이니 아마도 만화 속 역사에 이름을 남겼을 것이고 신해철은 음악으로 일생을 살았기에 수많은 곡을 남겼다. 이른바 살아온 그대로의 유산을 남긴 것이지 절대 빈 손으로 떠나간 것이 아니다.

어린 시절 내 꿈은 교사였다. 좋은 선생님들을 많이 만났기 때문에 나도 커서 저렇게 좋은 사람이 되고 싶다는 막연한 소망이었다. 그래서 사범대학에 진학했다. 지금에 와서는 평생 글을 읽고 쓰고 또 읽을 수만 있다면 무엇이든 좋다는 생각이 든다. 인류가 역사를 기술하기 시작한지 몇 천 년이 지났을까?

그동안 태어난 사람은 또 얼마나 될까? 그러나 역사에 이름을 남긴 사람은 그 중에 몇이나 될까? 역사에 이름을 남기지 못했더라도 삶의 흔적, 유산을 남긴 사람은 또 얼마나 될까? 나도 유산을 남기는 삶을 살 수 있을까?

산신각과 하나님

대웅전 뒤에 처음으로 산신각을 세울 생각을 한 스님은 어떤 지극한 깨달음을 얻었던 것일까? 이제와서 어느 시대의 누구였을지도 모를 분의 깨달음을 전해받을 수는 없겠지만, 다시 그 화목한 깨달음으로 향하기 위해서 수많은 대화를 할 수는 있을 것이다.

벌써 5분의 1을 보낸 21세기를 돌아보면, 세계는 종교로 인하여 몸서리를 쳤다. 이슬람 국가들과 기독교 국가들은 침략 전쟁과 보복 테러를 주고받았고, 이슬람 국가 간에도 종파 간의 대립과 전쟁을 일삼았다. 그런 가운데 우리나라는 세계의 거의 모든 종교가 모여 있으면서도 큰 분쟁과 갈등 없이 서로 잘 지내고 있으니 신기한 가운데 어떤 이유인지 궁금하기도 하다.

우리나라는 산이 많아 어느 지역에 가더라도 봉우리와 계곡에 얽힌 설화가 남아있다. 산이라는 자연의 집합이 인간의 터전인 평야와 복잡하게 얽혀있는 탓에 민간신앙 또한 우리의 역사와 떼려야 뗄 수 없는 관계로 이어져 내려오고 있기도 하다.

절에 가면 대웅전 뒤편으로 산령각 혹은 산신각이라는 건물이 있는데, 흰 수염이 고운 노인과 호랑이, 그리고 따르는 인물들이 그려진 탱화를 쉽사리 발견할 수 있다. 부처를 모시고 수련하는 절간에 웬 산신인가 싶지만, 인도에서 도래한 불교가 우리 조상들의 민간신앙을 존중하고 함께한 흔적이라 여기니 참 조화롭고 보기 좋다는 생각이 든다.

단재 신채호가 "우리나라에 부처가 들어오면 한국의 부처가 되지 못하고 부처의 한국이 된다"고 말했다는데, 내가 보기엔 정반대인 듯하다. 일찍이 삼국시대에 들어온 불교는 앞선 사례와 같이 민간신앙과 화합해서 우리나라의 불교가 되었다.

한때 야소교라고 불리던 기독교는 '유일신'의 호칭을 '하나님'이라는 토착어와 합치시켰고, 구약의 율법 중 유교 전통과 유사한 경우에는 아예 유교전통을 차용하여 유사성을 강조하기도 하면서 '천주' 대신 '하나님'을 섬기게 되었다. 우리의 상식에서 종교는 가장 변화에 보수적이고 원칙적인 집단인데, 우리나라에서는 '현지화'를 이루면서, 여러 종교가 서로 공통적인 면모를 갖추게 된 것이다. 부처의 한국, 예수의 한국이 아니라 한국의 부처, 한국의 예수가 되었기 때문에 한국이라는 문화공동체 안에서 함께하기 때문에 다름과 함께 동질감도 느낄 수 있어서 여러 종교가 서로 존중하며 공존할 수 있다고 생각한다.

존중하며 공존한다는 점이 중요하다. 종교와 문화가 공존하는 사례는 많지만, 평화적이면서도 또한 서로 존중하는 상태에서의 공존은 어렵기 때문이다. 언어, 역사적 기억, 문화적 전통, 경제활동 구조 등을 통해 공동체가 공유하는 가치관을 형성하게 되는데, 공동체의 가치관이 형성된 이후에 들어오는 다른 공동체의 가치관이 마찰 없이 공존하기도 어렵고, 공존하면서도 서로를 이해하려 노력하기는 더욱 어려운 것이다.

그런데 최근 우리 사회의 현안을 한 발짝 떨어져 살펴보면 이런 '존중하는 공존'이라는 아름다운 공동체 가치관이 무너지고 점차 배타적이고 보수적인 사회가 되어가는 모양새여서 안타깝다는 생각이 든다.

내부적으로는 세대 간의 갈등이 더욱 심화되어가고 있고, 외부적으로는 주변국에 대한 혐오가 날로 강성해지고 양지화되어가고 있다. 기술이 급격하게 발전하며 생활양식이 기술에 멱살 잡혀 끌려가니, 신기술을 쉽게 받아들이는 젊은 세대와 받아들이는데 어려움을 겪는 기존세대 간의 갈등 또한 기술의 격차를 따라가는 모양새를 보이고 있다. 이러한 모습은 일본의 행정체계가 아날로그적인 모습을 자주 보이는 것을 보고 비웃는 태도와 일맥상통하는 부분이 있다.

인간은 늘 지향하는 바가 있어왔다. 사회, 국가 또한 지향하는 바가 있어왔다. 어느 국가는 확장, 어느 국가는 통합, 어느 국가는 평화적 공존. 평화적 공존이라 하면, 모든 갈등과 문제가 해소된 이상향을 떠올리지만, 화목한 가정에도 다툼이 있듯이 그러한 이상향은 존재할 수 없는 환상이기에 이상향이다. 때로는 다투더라도 의가 상하지 않고 대화로써 화합을 함께 향할 수 있는 정도로 봉합하는 것이 최선일 것이다. 그러나 우리는 내부적으로도 외부적으로도 점점 대화를 잃어가고 있다. 베를린의 장벽도 결국 허물어졌고, 아일랜드의 '평화의 벽'은 결국 아일랜드를 완전히 둘로 쪼개버리고 말았다. 필요한 것은 벽이 아니라 회담장의 테이블이었다.

대웅전 뒤에 처음으로 산신각을 세울 생각을 한 스님은 어떤 지극한 깨달음을 얻었던 것일까? 이제와서 어느 시대의 누구였을지도 모를 분의 깨달음을 전해받을 수는 없겠지만, 다시 그 화목한 깨달음으로 향하기 위해서 수많은 대화를 할 수는 있을 것이다.

겨울에 잠들고 겨울에서 시작하는 나무들처럼

나무도 온갖 갈등을 겪는다. 겨울의 혹독함을 인내하고 봄여름의 수많은 병충해와 싸우고 주변의 나무와 햇빛을 두고 다투듯 뻗어나가고 물길을 다투며 뿌리를 뻗어나간다. 하지만 적당히 가지와 뿌리를 뻗고 서로 얽히면서 삶을 영위하는 모습은 영락없이 사람과 다를 바가 없다.

동아시아에서는 음양오행을 자연의 원리로 여겼다. 태극으로 상징되는 음양은 검은 곡옥과 흰 곡옥이 꼬리를 맞물고 도는 큰 원을 통해서 순환하는 자연스러운 법칙을 밝히고 오행 또한 각 속성이 꼬리를 물고 상생하고 상극하는 자연스러운 법칙을 밝혔다. 즉, 순리와 역리의 순환이라는 화두를 쉽고 보기 좋게 설명한 논리가 음양오행이다. 그 영향인지 현대에 와서도 자연스럽고 조화로운 것을 우리는 기꺼워한다.

그래서일까? 죽음에 대해서 다룬 수많은 문학작품들에서는 탄생, 삶을 또한 중요하게 다룬다. 그리고 은연중에 잠을 죽음에 대한 비유와 상징으로 곧잘 사용한다. 예수가 죽음에서 사흘 만에 부활하는 종교적 상징이 그 대표이다. 때문에 잠은 죽음과 의미가 통한다. 잠은 생명이 잠들 때 하루 내 달군 몸을 이완하며 에너지를 비축한다. 죽음 또한 몸을 흙으로 흩어내며 에너지를 땅에 쌓는다.

어릴 적 기흉으로 병원에 있을 때는 하루에도 여러 번 자고 일어나길 반복했다. 새벽같이 엑스레이를 찍기 위해 병원을 활보하고 다녔기 때문에 깊게 자지 못한 탓이다. 아랫집 아주머니는 심각한 불면증이 있어 몇 달을 전전긍긍하다 우리에게 대학병원을 다니고 있는 고통스러운 처지를 하소연하며 협조해 달라 부탁하였다. 이미 전해 들어 조심하고 있는데 더 이상 어떻게 해야하느냐 갑갑한 생각이 들었지만, 겨우 잠들 듯 싶으면 이런 저런 소란으로 깨길 반복하던 병원생활을 떠올리니 그 처지가 안타깝게 느껴졌다.

생판 남인 이웃 사람들에게 하소연을 할 정도면 이미 가족도 고통을 분담하고 있었을 것이다. 본인이 의도하지 않은 질환 때문에 가족에게 고통을 주는 어머니의 심정이라니 안타까울 수밖에 없다. 하루를 제대로 마무리하지 못하고 고통스러워하니 그 연결점인 다음 날의 시작 또한 고통스러울 수밖에 없고, 하루의 연속인 삶 또한 고통이지 않을까.

요즘은 어딜 돌아다녀도 어릴 적 생각이 자주 난다. 최근 매주 하루씩 나주에 꼬박꼬박 다녀오는데 흰 꽃이 활짝 핀 나무를 보면서도 그랬다. 어린 시절 내가 가는 곳은 어디나 흙과 나무가 가득했다. 집 앞 개천을 건너면 산 아래까지 논이 가득했고 산은 또 밭이 다닥다닥 붙어있었다. 마을에는 당산나무를 비롯해서 이곳저곳에 큰 나무가 있고, 어떤 집은 나무를 피해서 돌담을 쌓아놓았다. 우리집은 마당 한가득 나무가 가득했고 우리가 자주 뛰어놀던 성당 놀이터는 사람의 손으로 잘 다듬어진 나무밭이었다.

어린 시절의 어느 늦봄, 성당 근처 산길에서 벌집을 공격하는 말벌을 본 적이 있었는데 우리가 발견했을 때도 이미 땅에는 꿀벌의 시체가 수북했고 꿀벌들은 여전히 말벌을 물리치기 위해 필사적이었다. 늦가을 그 벌통 근처를 지날 때 여전히 꿀벌들이 돌아다녔던 것을 보면 끝내 말벌을 물리쳤던 것 같다.

꽃이 만개했던 늦봄에는 꽃들 사이에서 눈에 띄게 다른 색이었던 벌집을 쉽게 발견했지만 가을날에는 울창한 잎사귀들 사이에서는 발견하기가 영 쉽지 않았다. 무심코 건드렸던 무언가 때문에 놀라 우르르 쏟아져 나오는 벌들이 아니었다면 발견하지 못했을 것이다. 아마 겨울이었다면 휑한 나무에 붙어있는 벌집을 쉽게 발견했을지도 모르겠다. 그 때 나는 나무의 변신이 새삼스럽게 하루를 마치고 잠에 들려는 사람처럼 느껴졌다. 겨우내 기운을 추슬러 봄에 꽃을 피우고 여름에 한참 푸름을 과시하다 가을에 과실과 나뭇잎을 정리하고 다시 겨울에 쉬는 모습과 잠에서 일어나 정신을 차리고 열심히 활동하고 잠자리를 정돈하고 잠에 드는 모습이 닮아 보였다.

최근에 읽은 『지복의 성자』라는 소설에서 등장인물 한명을 두고 나무에 빗대며 이렇게 소개한다. "어떤 꼬마가 돌을 던졌는지 돌아보지도 않았고, 자신의 나무껍질에 새겨진 욕을 읽으려고 목을 길게 빼지도 않았다. 사람들이 그녀를 서커스 없는 광대, 궁전 없는 여왕이라고 헐뜯을 때도 그 상처가 그녀의 가지들 사이로 산들바람처럼 불어가게 했고, 살랑거리는 잎사귀들의 음악을 고통을 달래주는 진통제로 삼았다"

나무라는 같은 소재를 두고도 이렇게 감상이 다르다. 백 명에게 물어봐도 백가지의 다른 감상을 말할 것이다. 『지복의 성자』 작가는 나무의 외롭고 무정한 부분을 보았고 나는 사람의 삶과 닮은 부분을 보았을 뿐이다. 위 소설에서처럼 갈등이 던져대는 인간관계의 상처를 "가지들 사이로 산들바람처럼" 흘려보내는 것은 도대체 쉬운 일이 아닌데 나무는 일상적으로 그러하고 있다니. 그리고 그런 나무 같은 사람이라니 과거에 어떤 일이 있었기에 인간관계를 모두 부정하고 반응하지 않는 것일까 도저히 상상이 가지 않는다. 봄에 꽃을 피우고 여름에 열매를 키우고 가을에 낙엽을 흘려내고 겨울에 봄을 그리는 것이 자연스러운 것처럼, 인간관계에서 웃고 감동하고 공감하고 슬퍼하고 화내고 두려워하는 모든 감정 또한 자연스러운 것이다.

나무도 온갖 갈등을 겪는다. 겨울의 혹독함을 인내하고 봄여름의 수많은 병충해와 싸우고 주변의 나무와 햇빛을 두고 다투듯 뻗어나가고 물길을 다투며 뿌리를 뻗어나간다. 하지만 적당히 가지와 뿌리를 뻗고 서로 얽히면서 삶을 영위하는 모습은 영락없이 사람과 다를 바가 없다. 불면증에 고통 받는 아랫집 아주머니도 인간관계의 갈등이 두려워 우리에게 말해야 할까 몇날며칠을 고민했을 것이다. 뉴스에서 층간소음에서 비롯하는 이웃갈등을 심도 있게 다루지 않는가. 하지만 우리에게 솔직하게 고백하고 도움을 요청하면서 내면의 갈등은 "산들바람처럼" 지나가서 조금은 잠드는데 도움이 되지 않았을까.

굶주린 사람들

선택의 기회를 주겠다며 학교마다 수십, 수백 개의 동아리를 만들어 대니 자발성과 자율성, 흥미와 열정을 잃어버린 채 '탁상행정'의 부산물로 타락하고 말았다. 이제 광주에서는 여러 학교의 동아리 회원들이 모여서 자작시를 돌려 읽고 시화전을 기획해서 초대하질 않는다.

요즘 학교에서는 컴퓨터언어로 프로그램을 작성하는 방법을 가르친단다. 나 또한 컴퓨터언어 학습이 논리적 사고에 도움이 되리라는 주장에는 동의한다. 또한 어릴 때 이것 저것 다양한 경험을 통해 흥미와 적성을 탐색하는 활동은 아이들의 권리라고도 생각한다. 그러나 우리의 현실을 바라보는 입맛은 씁쓸하다.

어린 시절, 독서에 대한 여러 격언을 통해서 독서를 권장받았다. '독서는 마음의 양식'이라거나 '하루라도 책을 읽지 않으면 입이 거칠어진다(一日不讀書口中生荊棘)'며 말이다.

마침 내가 다녔던 초·중·고등학교가 모두 도서실이 '도서관'이라 부를 정도로 규모가 크고 책이 다양했던 덕에 수도 없이 다양한 책을 읽을 수 있었다. 게다가 학창시절 내내 반 도서위원에서 도서관 도서위원, 학교 도서위원장을 맡을 정도로 책을 좋아했으니 축복과도 같은 환경이었다. 나는 수많은 위인들의 제자였고, 작가와 작중인물의 토론상대, 관찰자, 주인공이 되었다. 때로는 미켈란젤로를 지켜보는 조르주였고 때로는 홈즈의 조수였고, 때로는 『태백산맥』에서 벌교의 비극을 지켜보는 관찰자였다.

대학 졸업을 앞두고 모교인 고등학교로 교생실습을 나왔을 때, 크나큰 충격을 받았다. 국어과 교생으로 와서 고전문학 중 송강 정철과 「관동별곡」에 대해서 수업을 하고 있었는데, 직역한 관동별곡을 읽을 때 학생들이 전혀 이해하는 눈빛이 아닌 것이었다. 그래서 수업 진행을 잠시 멈추고 몇몇 단어와 표현들에 대해서 어떤 의미인지를 물었는데 온전히 대답하는 경우가 거의 없었다. 매주 도서관에서 600권 가까이 대출과 반납이 이루어지는 독서지도가 활발한 학교임에도, 독후감 대회가 활발한 학교임에도 그러했다.

그래서 씁쓸한 것이다. 학창시절에도 그러했고, 교생 실습 때도 그러했고, 최근에도 학교는 학생이 무언가를 하게 하려고 한다. 내가 고등학생이던 2,000년대 중반, 광주에는 십여 개의 고등학생 시문학 동아리가 있었다. 지금은 더 많다. 그러나, 선택의 기회를 주겠다며 학교마다 수십, 수백 개의 동아리를 만들어대니 자발성과 자율성, 흥미와 열정을 잃어버린 채 '탁상행정'의 부산물로 타락하고 말았다. 이제 광주에서는 여러 학교의 동아리 회원들이 모여서 자작시를 돌려 읽고 시화전을 기획해서 초대하질 않는다. 교생 실습에서 경험했던 고등학생들의 참담한 문해력은 역설적이게도 적극적인 '위로부터의 독서지도'의 탓이라는 의심을 수년째 하고 있다.

우리가 받아왔고, 알고 있는 교육의 모습은 '지도'의 형식을 갖추고 있다. 아이들을 '지도'의 대상으로 인지하고 있는 계몽주의 시절의 낡은 교육방식이다. 부모는 아이들이 딛고 올라갈 사다리를 잡고 지탱해주는 존재이다. 교사 또한 그러하다. 그러나 사다리 밑에서 어서 올라가라며 엉덩이를 밀어대니 제대로 내딛지 못하고 추락하고 마는 것이다.

수많은 사람들이 게임을 즐기고 드라마를 즐기고 음악을 즐기는 것은 '재미'를 붙였기 때문이다. 나와 친구들, 선후배가 굳이 시간을 할애해서 시문학 동아리 활동을 한 것은 그것이 재미있었기 때문이다. 그랬기 때문에 내 시간, 생각과 체력을 열정이라는 장작으로 불태울 수 있었다.

도돌이표처럼, 어릴 때 이것 저것 다양한 경험을 통해 흥미와 적성을 탐색하는 활동은 아이들의 권리라고도 생각한다. '재미'를 붙일 대상을 발견하는 축복을 경험하는 것은 정말 멋지고 신나니까 말이다. 책 한 권에 한 사람의 일생이 들어있다고 하는데, 재미를 붙일 대상을 발견한 아이의 책은 읽는 사람도 재미있을 것이다. 또한 많은 사람들에게 신선한 영향을 끼칠 것이다.

어느 다독하는 교수가 '집에 책이 많은 이유는 읽기 때문이다'고 했다. 읽던 책에서 흥미가 가는 주제를 발견해서 책을 구입하는 행동을 반복했기 때문이라는 것이다. 교육 또한 그러해야 한다. 재미를 붙인 대상에 몰두하다보면 새로운 재미를 발견하고 다시 몰두하기를 반복하며 성장하고 성숙하는 것이다. '책은 마음의 양식'이라고 하는 것은 책을 읽는 것이 가장 획득 난이도가 낮고 접근성 좋은 간접경험의 수단이어서이다. 다행히 나는 책으로 배가 부르다.

그렇지만, 출근길에 컨베이어 벨트 위의 공산품처럼 같은 옷을 입고 핸드폰을 들여다보며 지나치는 모교의 후배들을 볼 때마다 굶주린 것처럼 보여 안타까운 마음에 씁쓸함을 느낀다.

4

타락한 인간의 언어

Energieversorger eag. Seite 22
ans umpf zeigt Promi-
Energetische Gebäudesanierung
Tango Fusion bringen
aspach ab diesem Sommer
Schweine nach dem Vorbild der
aha, oberster Vertreter der
Freilichtspiele Hall bereiten die
Straße zwischen Ilshofen und
mit Kunstrasen. Seite 22

타락한 인간의 언어

새들의 지저귀는 소리가 아름다운 것은 인간의 언어를 닮지 않기 때문이다. 도시에서 벗어나 산에 오르거나 바다에 나갔을 때 마음이 고요해지고 편안해지는 것은 구급차 소리, 공사장 망치질 소리, 자동차 경적, 공장 기계 돌아가는 인간의 소리가 들리지 않은 까닭이다.

고인류의 흔적들을 보여주는 수많은 유물과 유적이 있다. 그 대표적인 것이 스페인 알타미라 동굴의 벽화이다. 그곳에는 수렵하는 인간의 오래된 모습이 나타나 있다. 아마 그 무렵엔 나름대로 소통할 수 있는 언어체계가 있었을 것이다. 사냥하기 위해서는 서로 의사표시를 해야 하므로 손짓발짓을 넘어선 언어체계가 어느 정도는 갖춰져야 가능하기 때문이다. 이렇듯 언어는 집단사회에서 필수적인 소통수단이다. 힘 있는 자를 중심으로 질서를 유지하기 위해서는 언어가 필요하다. 즉 언어는 사회질서를 유지하기 위한 효율적인 수단이 된다.

부족의 남자들이 멧돼지나 사슴을 잡으면 얼마 동안 식량 걱정을 안 해도 되니 기뻤을 것이다. 그 기쁨을 표현하기 위해 사냥감을 불에 구우면서 어깨를 맞잡고 춤을 추었을 것이다. 즐거운 감정을 드러내기 위해 무엇인가를 흥얼거렸을 것 또한 짐작이 간다.

그러나 어느 땐가는 슬픈 일도 있었을 텐데 부족 간의 전쟁에서 패해 절망적인 눈물을 흘리며 어떤 식으로든 슬픔을 표현했을 것이며 또 어느 땐가는 마을에 전염병이 들어와 사람들이 죽어 나갈 때 주술사가 액운을 물리치는 등 삶에서 만나는 수많은 사건·사고를 경험하며 부족들은 나름대로 생존방식을 터득했다.

오늘날 우리가 문학, 미술, 연극, 음악, 무용으로 분류한 예술 갈래는 인간의 자연스러운 감정을 체계화시킨 양식으로 앞에서 말한 것처럼 인간의 삶을 자연스럽게 표현하여 체계적으로 발달한 것이다. 즉 사냥감을 잡아 와 즐거우니 몸을 흔들었던 율동이 발달해 무용이 되고, 기쁨을 주체 못 해 바위에 새긴 암각화가 알타미라 동굴의 벽화와 같은 원시미술이 되었다.

살펴본 바와 같이 모든 예술의 기원은 인간의 희로애락을 표현하는 수단이었다. 이처럼 문학이건 미술이건 간에 모두가 순수했다. 정직한 정서와 생각의 표현이었다. 그것은 마치 아담과 이브가 하느님이 지으신 모든 형상들에게 이름을 지어준 것처럼 순수한 정서의 표현이었다.

그러나 인간이 역사시대에 들어가면서부터는 언어가 탐욕스러워졌으니 오늘 우리가 내뱉는 언어는 참으로 불경스럽다. 더 많은 물질을 탐하고 더 높은 벼슬을 탐하고 더 빛나는 명예를 탐하니 참으로 오래전, 신화 같고 전설 같은 시대의 때 묻지 않은 순수한 인간의 언어는 정녕 회복하기 어려운 일인가라는 생각이 든다.

특히 오늘날 신문, TV에서 보는 인간의 언어는 참으로 가증스러울 정도로 탐욕스럽다. 돈의 논리로 가동되는 배금주의 시스템 속에서 생존하기 위해서는 욕망으로 가득 찬 언어가 끊임없이 생산되지 않을 수 없다. 드라마를 재미있게 만들기 위해서는 더 고약한 불륜을 조장해야 하고 더 잔인한 폭력의 서사를 만들어야 한다. 그래야 시청률이 올라 많은 돈을 벌 수 있기 때문이다. 그뿐만 아니라, 날마다 보는 신문은 특종이

어서 인간의 폭력과 잔혹함이 극에 이른다. 이렇듯 인간의 언어는 타락할 대로 타락해서 다음 세대에는 타락의 극치를 어떻게 보여줄지 궁금하고 두렵다.

오늘 우리가 구사하는 언어는 우리들의 모습이다. 일상에서 소통 수단으로 사용하는 언어뿐만 아니라, 드라마, 뉴스는 물론이고 문학마저 탐욕스럽고, 타락한 인간의 모습을 반영할 수밖에 없으니 문학인뿐만 아니라 미술인, 음악인을 비롯해 모든 예술 영역에서 보여주는 인간의 모습은 우리 인간의 자화상이다.

그럴 수밖에 없지 않은가? 우리가 경전이라고 말하는 성경은 가장 더럽고 추잡한 인간의 모습을 담아내어 거울 보여주듯 뭐라고 말씀하시는 것이다. 다시 말해 성경뿐만 아니라 모든 예술의 언어는 인간에게 스승처럼 어떤 길을 가르쳐주는 까닭이다.

우리가 역사를 배우고 문학사를 배우고 미술사를 배우는 것은 인류의 역사를 들여다보는 일이니, 다시 말해 탐욕스럽고 타락한 인간의 언어를 확인하는 일이다.

새들의 지저귀는 소리가 아름다운 것은 인간의 언어를 닮지 않기 때문이다. 도시에서 벗어나 산에 오르거나 바다에 나갔을 때 마음이 고요해지고 편안해지는 것은 구급차 소리, 공사장 망치질 소리, 자동차 경적, 공장 기계 돌아가는 인간의 소리가 들리지 않은 까닭이다. 즉 바람소리, 빗소리, 새소리 등 자연의 소리가 아름다운 것이다.

오래전에 루소가 '자연으로 돌아가라'라고 외친 것은 우리 문학을 비롯한 인간의 언어가 타락했기 때문이다. 이제 아담과 이브가 맨 처음 사물에게 이름 지어줬을 때처럼 참신하고 순수한 자연을 닮은 언어를 회복해야 하는 까닭이다. 우리가 문학사를 공부하며 어떻게 살아야 할지를 생각하는 일은 아직도 오래전에 떠나온 에덴동산에서의 때 묻지 않은, 그래서 탐욕스럽지 않고 타락하지 않은 순수한 모습을 기억하기 때문이다.

도둑고양이와 길고양이

인간의 사슬을 끊고 뛰쳐나가 유목민처럼 집도 없이 사는 밖에서 사는 고양이들을 우리는 '길고양이'라고 부른다. 좀 점잖게 부르는 호칭이라고 생각한다. 그러나 고양이들이 처한 실존의 모습을 말해주는 이름이다.

아침에 일어나면 문 앞에다 물어뜯어 피투성이가 된 쥐를 물어다 놓았다. 그 고양이가 한 짓이다. 검은색과 흰색이 적절하게 섞인 깜찍하게 생긴 어미고양이가 새끼 두 마리를 달고 다니면서 마당이나 정원에다 배설을 해놓고 흙으로 덮어 놓아 때로는 지뢰를 밟은 듯 낭패를 당할 때가 한두 번이 아니다. 새끼들도 어미를 닮아 여간 말이 많다. 온종일 울어대는데 그 소리가 사람의 마음을 환장하게 한다. 음침하고 음험스러운 느낌을 주는 새끼 고양이들의 울음소리는 특히 궂은날에는 괴기스러워 소름이 돋기도 한다. 담장을 뛰어내리면서 담장 밑에 심어놓은 상치며 꽃나무를 부러뜨리기 일쑤이다.

오죽하면 고양이들을 덫으로 잡을 생각까지 했겠는가? 고양이들은 내가 나타나면 슬금슬금 뒷걸음친다. 그러다가 내가 발걸음을 멈추면 나를 뻔히 바라보면서 도망가지 않는다. 눈빛도 화살처럼 독기가 서려있다. 이후 고양이들을 보면 마음이 불편해졌다. 서로 눈을 부릅뜨고 마주보며 대결하는 양상이었다. 그러면서 고양이들은 계속 집안 곳곳에 죽은 쥐를 물어다 놓았다. 여전히 마당이며 정원에다 배설해 흙으로 덮어 놓았다. 마당 가운데 파리가 날고 이상한 냄새가 나는 곳에는 어김없이 고양이 배설물이 묻혀 있다. 여름이면 악취가 더 심했다. 그러면서 나는 고양이에 대한 인상이 아주 고약해져갔다. 그래서 나는 마음을 고쳐먹었다. 고양이들에게 무심해지기로 했다. 그렇게 3년 여를 무심하게 지내자 고양이들도 나에 대한 경계를 느슨하게 풀기 시작했다. 어떤 때는 고양이와 눈이 딱 마주쳤다. 나는 얼른 시선을 피해 가던 길을 멈추고 봄날 새로 움튼 새싹을 보는 척 했다. 그러자 고양이도 지붕 위에서 딴 곳을 바라보는 척 시선을 돌렸다. 나와 고양이는 속마음이 있으면서 겉으로는 서로에게 모르는 척 하기 시작한 것이다. 나와 고양이가 적당한 거리에서 거리를 조정하며 서로를 존중하는 행위일 것이다. 그래야만 최선의 평화를 유지할 수 있는 것이다. 가깝지도 않고 너무 멀지도 않는 서로 모르는 척 하는 거리, 그 거리가 인간과 고양이가 양존할 수 있는 가장 적당한 관계인 것이다.

적당한 거리, 지금 나와 고양이가 취할 수밖에 없는 이 애매한 거리는 참으로 비극이다. 따지고보면 고양이의 생태적 습성을 오해한 인간의 생각이 고양이가 해코지한다고 믿게 되었을 것이다. 그런데 인간은, 아니 우리나라 사람들은 고양이에 대한 이해를 별로 하지 않아 오해를 하고 있는 것이다. 그래서 사람들은 고양이를 '도둑고양이'라고 부른다. 또는 '길고양이'라고 부르기도 한다. 참으로 슬픈 고양이의 이름이다. 설령 고양이가 생선을 물어갔다고 해도 '도둑고양이'라는 이름은 고양이에 대한 모독이기 때문이다. 오래 전에 인간은 소, 말, 돼지, 염소, 개, 닭 등 수많은 동물들을 자신들의 욕망을 위해 채찍과 먹이로 순치해 놓고 도구와 식량으로 사용했다. 때로는 인간의 사슬을 피해 집을 뛰쳐나간 동물들 중 고양이에게 '도둑고양이'라고 불렀다. 고양이가 도대체 무엇을 도둑질했다는 말인가? 큰 돈을 사기친 것도 아니고, 부실공사로 건물을 붕괴시킨 것도 아닌데, 아니 저축은행사건으로 부도덕하게 서민들의 돈을 훔친 것도 아닌데, 하루하루 생존하기 위해 먹을 것을 걱정하는 고양이들에게 '도둑'이라는 억울한 이름을 붙였는지 인간들이 정말 쩨쩨하고 속이 좁다는 생각이 든다.

인간의 사슬을 끊고 뛰쳐나가 유목민처럼 집도 없이 사는 밖에서 사는 고양이들을 우리는 '길고양이'라고 부른다. 좀 점잖게 부르는 호칭이라고 생각한다. 그러나 고양이들이 처한 실존의 모습을 말해주는 이름이다. 집없이 떠돌아 다니는 유랑민과 같은 처지를 함축한 호칭이니 생각해보면 '길고양이'라는 이름 속에는 고양이를 바라보는 인간의 시선이 녹아나 있는 것이다. 그런데 그 시선 속에는 연민이나 사랑보다는 고양이를 부랑아쯤으로 바라보는 곱지 않는 눈길이 녹아나 있다 하겠다.

공권력이 집없는 사람들을 바라보는 거리도 이쯤이 아닐까? 재개발지에서구 생존을 위해 목숨을 내놓고 싸우는 가난한 서민들을 바라보는 시선 말이다.

나는 지난 봄부터 고양이를 위해 먹다 남은 음식을 그릇에 담아 정원 귀퉁이에 놓는다. 얼마 전에는 2층으로 향하는 계단의 빈틈에 새끼를 다섯 마리나 낳아 키웠다. 철딱서니 없는 고양이 새끼들이 마당에서 햇볕을 쬐며 뒹굴다가 나와 눈을 마주치면 멀뚱멀뚱 바라본다. 무척 귀엽다. 새끼들이 철이 안들어 갔으면 좋겠다는 생각이 든다. 새끼고양이들과 나와의 거리가 무척 가까워지고 있다는 것을 느낀다.

동전과 인간성

나는 관용이 여유로운 인간성의 텃밭에서 돋아난다고 생각한다. 짐승과 로봇 사이에서 균형을 잡는데 실패한, 결손당한 인간성은 결손을 만회하기에 급급하여 도저히 여유로울 수가 없다. 상처를 숨기기 위해 가시를 돋칠 뿐이다. 2인3각 경기인 줄도 모르고 어깨 건 누군가를 때려눕히려 계획한다.

90년대 중반, 우리나라는 7차 교육과정으로 이행하면서 '창의적 인간'을 바람직한 인간상으로 제시할 정도로 어느 때보다도 창의성과 논리력 성장을 위한 교육을 강조했다. 그래서 초등학교에서도 방과 후 수업, 계발활동 등의 선택 수업을 도입했다. 이러한 교육을 받은 세대가 30대가 된 근래에 주변을 둘러보면 아무래도 창의성과 논리력의 성장이라는 목표는 실패한 것으로 보인다.

흔히 논리적 사고의 수단이라고 생각하는 설득의 과정은 대단히 이성적이면서 또한 감성적이다. 상대를 이해할 뿐만 아니라 공감해야만 공감의 방향을 만곡할 논리를 도출해낼 수 있으니 말이다. 이성과 감성은 대립의 관계가 아니라 동전의 양면처럼 도저히 떼어낼 수 없는 인간성의 양면이다. 감성이 메마르면 로봇에 다를 바 없고, 이성이 없다면 짐승에 다를 바 없으니 인간에게는 이성과 감성이 서로의 쓰임새에 따라 앞서거니 뒤서거니 할 뿐이다.

알다시피 21세기는 '다극화'를 배경으로 시작했다. 즉, 다양한 성향과 사상의 사람들이 다양한 의견을 개진하며 시작한 세기라는 것이다. 필연적으로 충돌할 수밖에 없는데, 여러 극간의 갈등을 어떻게 해소하는지를 지켜보니 이성적이든 감성적이든 논리를 갖춘 대화와 설득이 아니라 비이성적인 경멸과 혐오, 배척으로 점철되어 있었다. 갈등은 해소되지 못하고 켜켜이 쌓이고 증폭되어갈 뿐이었다.

잠자리를 잡고 개미가 매미를 해체하는 것을 관찰하고 마을 친구의 집 앞에서 “친구야 노올자~”를 외치고 산과 들을 뛰어다니던 시기가 이제 다시는 돌아오지 않을 것이다. 버스의 1분 지연도 못마땅하고, 내 앞에 끼어드는 차에 불만이 있는 시대에 살고 있다. 우리는 관용이 없는 사람뿐인 시대를 살고 있다. 그렇기에 나와 다른 의견은 설득의 대상이 아니라 척결의 대상이다. 우리와 다른 너의 상상력은 틀린 것이다. 전례가 없으면 할 수 없는 것이다. 내가 알고 싶지 않은 사실을 알려주려는 너는 나쁜 놈이다……. 일상에 배어있는 비관용의 습관들이 수많은 분노와 증오의 대상을 생산해내고 있다.

유치원에서 아이들이 노는 모습을 보고 있자면 서로 끊임없이 대화를 주고받는다. 그런데 사실은 서로 대화를 하는 것이 아니라 자신의 말을 하고 있을 뿐이다. 그럼에도 어른의 시선에서는 서로 대화를 주고받는 것처럼 보일 뿐이다. 아이들은 내 말을 들어주지 않는다고 싸우지 않는다. 나와 생각이 다르다는 이유로 혐오하지 않는다. 또, 아이들의 말은 독창적이면서도 난해하지 않게 생각을 풀어낸다. 어린 시절 본 영화 『미지와의 조우』에서 UFO를 보고서 아이스크림이라 생각하던 아이가 기억난다. UFO는 아이스크림과는 전혀 관계가 없는 것이지만 아이스크림을 떠올리는 아이의 상상력은 우리가 잃어버린 창의성의 발현이 어떠해야 하는지를 잘 말해준다. 그러나 오늘날 창의성과 논리라는 목표는 결국 관용의 상실을 통해 실패했다고 봐야 할 것이다.

과학기술이 발전할수록 과학의 외피로 두를 스토리, 인문학 또한 중요성이 함께 오르고 있다. 같은 유물이라 하더라도 사연이 있으면 더욱 가치 있게 여기는 것과 크게 다를 바가 없는 현상이다. 잡스가 죽은 지 오래되었지만, 그가 디자인에 집착하다 한 번 애플에서 쫓겨났다는 스토리가 애플의 상품에 여전히 디자인이라는 이미지를 덧씌우고 있듯이 말이다.

앞서 밝혔듯이 감성과 이성은 인간성의 양면이다. 짐승과 로봇의 사이에서 사람으로 살기 위해서는 균형 있게 이성과 감성을 겸비해야 하는데, '점수'를 내기 위해서 시를 기계적으로 분석하고 해체하면 시를 읽고 감성이 성장할 수 있을까? 그보다도 시를 읽었다고 할 수 있을까? 시를 읽고 '정답'을 도출해내야 하는 것이 옳은 것일까? 이런 교육을 받은 세대가 지금도 시를 읽고 있을까? 감성의 성장 없이 이성만이 홀로 성장할 수 있을까?

나는 관용이 여유로운 인간성의 텃밭에서 돋아난다고 생각한다. 짐승과 로봇 사이에서 균형을 잡는데 실패한, 결손당한 인간성은 결손을 만회하기에 급급하여 도저히 여유로울 수가 없다. 상처를 숨기기 위해 가시를 돋칠 뿐이다. 2인3각 경기인 줄도 모르고 어깨 건 누군가를 때려눕히려 계획한다. 골을 넘어도 실격이다.

학교, 다음세대의 사회

그럼에도 불구하고 학교교육의 처우는 쉽사리 개선되지 못하고 있는데, 내가 고등학교 3학년일 적 교장선생님의 농담 반, 진담 반인 '고3은 사람이 아니라 공부하는 기계'라는 말은 현실을 적나라하게 비꼬는 듯하다.

대학생이던 10여 년 전, 국회에서 부모가 자녀 체벌을 제한하는 법안을 심사하고 있다는 기사를 읽은 적이 있었는데, 2021년 초, 부모의 징계권이 폐지되어 부모의 체벌이 범죄가 되었다. 학생인권조례의 확장선으로 볼 수 있는 이 법안에 대해서는 내가 처음 접했던 당시에도 찬반 논쟁이 뜨거웠다.

찬반이 갈리는 초점은 체벌 없이 훈육이 가능한가의 여부였다. 서유럽, 북미의 사례를 가져오는 찬성론자가 있는가 하면 문화와 역사의 차이를 거론하는 반대론자, 법안의 취지를 존중해 체벌의 정도를 지키자는 온건론자가 뒤섞여 제 목소리를 내니 매우 시끌했다.

체벌에 대해 이리도 관심이 집중되는 것은 그만큼 우리 사회에서 자녀의 교육과 성장을 중요한 사회문제로 인식하기 때문일 것이다. 앞서 언급한 '학생인권조례' 역시 우리 아이가 학교생활에 있어 부당한 대우를 겪지 않기를 바라는 여론이 수렴된 결과이고, 교육부의 교육과정 개정과정에서 유아교육 부분의 개설과 심화가 돋보이는 것 또한 보다 양질의 환경에서 아이를 보육해주길 바라는 여론이 도출한 성과물이다.

그럼에도 불구하고 학교교육의 처우는 쉽사리 개선되지 못하고 있는데, 내가 고등학교 3학년일 적 교장선생님의 농담 반, 진담 반인 '고3은 사람이 아니라 공부하는 기계'라는 말은 현실을 적나라하게 비꼬는 듯하다.

교장선생님의 말은 어린 야생동물을 사람이 기르면 아무리 야생과 흡사한 환경에서 길렀다 하더라도 야생에 제대로 적응하지 못하고 돌아오는 경우가 있다는 사실이 떠오르게 한다. 인간은 길들였다고 표현하지만, 제 때에 야생에서 필요한 경험을 하지 못해 필요한 발달과정을 거치지 못한 일종의 성장장애가 아닌가 하는 생각이 들어 우리나라 대부분의 아이들 또한 '야생의 경험'을 상실한 채 자라나고 있는 것이 아닌가 싶기 때문이다. 교육심리학에서는 한 사람이 성장、발달하는 과정을 두고 여러 시점, 여러 단계로 조명하려 애쓰지만 대체로 적절한 성장 수준에서 적절한 경험이 주는 이득이 있음을 인정하고 있다.

이처럼 학문적으로 이를 인지하고 있음에도 불구하고 우리는 아이들의 '야생성'을 거세하는 '성장장애'를 강제하려 부추기고 있다. 또래와 어울리며 감성, 교감능력을 발달시키고 어른들의 언행을 지켜보며 반면교사、정면교사 삼아 사회규범을 체득해야 할 시기인 청소년기를 학교에서 집으로 노역하는 죄수처럼 지내는 것이 그것이다. 직관적인 지표로 확인하기 어려운 감성、교감능력의 발달보다 당장 지표로 확인되고 가감이 확실한 성적에 우선순위를 둔 매우 근시안적인, 도저히 이해가 안되는 행위이다.

문제는 사회구성원 대부분이 문제를 인식하고 변화를 요구함에도 불구하고 당장 내 자녀가 불이익을 볼까 두려워 전면적인 개혁보다는 부분적인 개선을 요구하는 수준에 머무르고 만다는 점이다. 그리고 대다수는 자녀가 학생에서 취업준비생으로 넘어갈 때 자연스럽게 교육 대신 취업으로 시선을 돌려버려 쳇바퀴와 같은 현상유지에 머물고 만다.

이로 인해 학교에서는 온갖 문제가 발생하기 시작했고, 시간이 흐르면서 학교에서의 문제는 사회로 옮아가고 있다. 학교에서는 성적이나 주먹에 따라 그룹이 형성되고 계층화가 이루어졌다. 주먹에 의해 형성되는 그룹은 명백히 드러나는 일탈(폭력이나 갈취, 절도 등의 형사사건으로)을 통해 '일진'이라는 이름으로 사회에 드러났다. 하지만 '소수 학생이 저지른 한때의 일탈'로 치부되어 학교에서는 학교 이미지를 더럽힐 수 있다는 이유로 없는 일인 양 덮는데 급급하고 부모 또한 학교에 자녀를 맡긴 '을'이라는 생각에 강하게 대처를 요구하지도 못하고 있어 문제는 해결될 기미가 보이지 않는다.

이러한 기성사회에서 유리된 '학생사회'는 법보다 주먹과 '학생사회' 자체의 암묵적 룰이 더욱 강력하게 작용하는데, 이는 마치 우리나라의 군대와 유사하다. 병간에 이루어지는 온갖 계급별 악습, 법보다 가까운 계급과 권한에 의한 폭력, 차별, 심지어 이는 대학생 MT, 기업문화에서도 유사한 형태를 형성하고 있다.

부모의 체벌이 아동폭력이라는 관점에서 '부모의 체벌'을 제한하는 법이 국회에 제출된 것이겠지만 야근과 잔업을 당연시하고, 맞벌이가 아니고서는 현상유지가 힘든 사회에서 부모가 자녀와 시간을 공유하며 인간적으로 훈육할 시간이 주어진 이후에서야 부모에게 책임을 물을 수 있을 것이라 생각하는 편도 있었음을 잊어서는 안 된다. 생활비와 사교육비의 부담으로 형제가 없는 아이들이 많아지는 것 또한 문제라는 사람들이 있었음도 잊어서는 안 된다.

'교육은 백년지대계'라는 말이 있다. 또한 빈번하게 듣는 관용구이기도 하다. 그러나 이 말이 단순히 미래의 백년을 책임지는 계획이 교육이라는 의미만은 아니라는 생각을 하곤 한다. 과거의 백년이 형성한 것이 현재의 교육생태일 수 있다는 생각이다. 급진적인 개화, 경술국치에 의한 병영국가 일제의 강점, 주어진 광복과 6·25 한국전쟁, 개발독재, IMF, 그리고 코로나사태. 현 세대에서 벌어지는 온갖 학교'사회'의 문제들은 원인 없이 나타난 결과물이 절대 아니다. 그 시대를 지나온 기성세대가 풀어내야할 꼬인 매듭 뭉텅이임을 잊지 말아야 한다. 우리는 학생들에게 빚이 있다.

희망의 목자

오직 사람만이 절망 속에서도 실낱같은 희망을 상상할 수 있다. 상상은 수많은 발전의 원동력이며 수많은 감정을 이끌어낸다. 이태석 신부는 톤즈에 희망이라는 감정을 심어줬고 발전의 희망을 심어줬다. 예수가 십자가에 못박혀 죽으며 인간을 용서하길 빈 것도, 미리엘 주교가 장발장을 용서함으로써 구원한 것도 마찬가지일 것이다.

어린시절부터 수많은 소설책을 읽어왔음에도 깊은 감동을 느껴보질 못했다. 수업 시간에 선생님들이 작품의 어떠한 면에 감탄하듯이 이야기를 해도 별달리 공감하질 못했다. 그러나 「해리포터」를 보고는 이끌린 듯 영화가 끝나자마자 무등극장 옆 삼복서점에서 전권을 사다가 날밤을 새서 읽고는 읽고 또 읽어 열 번도 넘게 읽었을 때 반해버린다는 말의 의미를 깨달았다. 내가 그동안 어떤 글에도 감동을 느끼지 못했던 것은 습관적으로 읽어서였다. 감동도 공감도 받아들일 생각이 없으니 피어오를 듯 하다가다도 사그러든 것이었으리라.

글 속의 상대가 살아 움직이듯 상상하려 했다. 어떤 감촉일지 어떤 맛일지 궁금해하고, 무엇을 보았는지 어디를 갔는지 찾아보고, 어떻게 이겨내야할지 계획을 함께 세우며 읽으려 했다. 영화에서 본 인물들을 떠올리며 읽고 또 읽었던 『해리포터』를 대했을 때처럼.

여러 상상력을 끌어내고 궁금증을 해결하며 책을 읽다 보니 한 권을 읽고 나면 또다른 책이 옆에 놓이길 반복했고, 다양한 분양에서 토막난 지식을 얻게 되었다. 그 중에서도 가장 크게 영향을 끼친 책이 바로 『레 미제라블』이다. 한 사람을 소개하기 위해서 끝없이 이어지는 설명과 묘사, 그리고 묘사를 위한 설명. 50페이지가 넘는 분량을 오직 미리엘 주교가 어떤 사람인지를 보여주기 위해서 할애했는데, 덕분에 장발장을 용서로 구원하는 모습을 생생하게 상상할 수 있었다. 말과 행동이 일치하는 선인의 삶이 얼마나 강력한 구원인지. 고교 시절, 교육이라며 수도 없이 매를 맞고 가끔 손찌검을 당하고 울적할 때, 미리엘 주교의 고결함을 찾아 읽으며 구원받은 듯 여기기도 했다.

공교롭게도 고교시절 내 방 창 밖으로 성당과 교회 십자가가 보였다. 적막한 밤에 홀로 빛나는 십자가를 보면서 예수가 못박혀 죽은 십자가가 어째서 기독교의 상징이 되었을까 생각하다가 다시 미리엘 주교의 헌신을 떠올렸었다. 죽음이라는 인간이 겪을 수 있는 최악의 고난을 앞에 두고 인류의 용서를 기원했기 때문에 십자가는 죽음이 아니라 용서와 구원의 상징으로서 사용되는 것이 아닐까하는 생각을 하게 된 것은 미리엘 주교가 장발장을 용서하여 구원에 이르게 한 장면이 예수의 죽음과 겹쳐보였기 때문이다.

학창시절 『울지마 톤즈』를 읽고나서 알게 된, 이태석 신부가 만든 『묵상』이라는 성가에는 "십자가 앞에 꿇어 주께 물었네/ 추위와 굶주림에 시달리는 이들/ 총부리 앞에서 피를 흘리며/ 죽어가는 이들을 왜 당신은 보고만 있냐고"라는 구절이 있다. 이태석 신부는 이런 불쌍한 이들에게 깊이 연민한 것 같다. 연민할 수 있는 사람은 많지만 그는 더 나아가 의대를 졸업하고도 다시 신부가 되어 평생을 연민하는 이들이 웃을 수 있도록 하기 위해 헌신했다.

오직 사람만이 절망 속에서도 실낱같은 희망을 상상할 수 있다. 상상은 수많은 발전의 원동력이며 수많은 감정을 이끌어낸다. 이태석 신부는 톤즈에 희망이라는 감정을 심어줬고 발전의 희망을 심어줬다. 예수가 십자가에 못박혀 죽으며 인간을 용서하길 빈 것도, 미리엘 주교가 장발장을 용서함으로써 구원한 것도 마찬가지일 것이다.

송파 세모녀 사건이 있은 지 8년이 지나고 있다. 당시에는 전사회적으로 정치권을 질타하고 수동적인 행정을 질타했으나, 결국 바뀐 것 없이 사람들의 공감만 마모된 채 지금이 되고야 말았다. 뉴스에서는 빈번하게 유사한 사건들이 단신으로 알려지지만 누구 하나 목소리를 높이질 않는다.

아리스토텔레스가 "인간은 사회적 동물"이라고 한 것처럼 사람은 국가의 규칙을 따르고, 사회의 분위기를 읽고, 주변인의 감정을 읽으며 자신을 조정한다. 이성적인 감성이 인간사회를 지탱하는 것이다. 그 중 공감이라는 감성은 역지사지에서 비롯된다. 대상의 상태를 이성적으로 재단하는 동시에 대상에게 나를 이입하여 감정을 발산하는 것이다. 우리사회는 너무나도 빠르게 사회가 고도화되고 복잡해지면서 사람은 어느새 자원이 되었고, 사람 간의 정신적 거리가 멀어져서 감성이 제 역할을 하지 못하고 있는 것 같다.

유년의 풍경에서

겨울에는 새벽기도를 나가는 할머니를 몇 번이고 뒤따라갔고 내가 뒤따르는 줄도 모르고 느릿느릿 지팡이를 짚은 뒤를 맞춰 걸었다. 문득, 부모님께서도 언젠가 저리 느릿느릿 지팡이를 짚을 것이라는 생각이 들었다. 그 언젠가 또 손자가 그 뒤를 몰래 따를지도 모르겠다.

초등학교에 막 들어가던 어린 시절, 이어령 교수가 쓴 『생각에 날개를 달자』라는 시리즈를 읽었다. 이때 알게 된 고정관념이라는 개념은 지금까지도 중요하게 신경을 쓰는 요소가 되었다. 그쯤에 읽었던 어린이논어에서 군자는 지름길로 가지 않는다, 행불유경(行不由徑)이라고 하는 것을 읽고 엉뚱하게 여기에 고정관념을 대입해서 왜 그래야 하지? 하는 생각을 했다. 산을 가로지르고 구불구불 미로 같은 골목길을 탐험하며 가장 빠른 지름길을 찾아 다녀봤다. 한참을 그러면서 곰곰이 생각해보니 지름길을 찾아 쏘다니는 것보다 조금 돌아가더라도 크고 잘 닦은 길로 다니는 것이 도깨비풀도 안 들러붙고 편하다는 것을 깨달았다. 사실 큰 시간 차이가 나지도 않았다.

어린 시절의 이러한 경험이 내게는 강박이 되었다. 이 사람의 주장을 들으면 저 사람의 주장도 듣기 전까지는 의심하고, 선의를 불신하고, 확신하지 못하고 먼저 부정한 다음에 생각하는 나쁜 버릇이 되었다. 그런 내게 지난 3년은 의심과 불신과 부정을 마모시키는 시간이었다. 처음 취직해서 사회생활을 통해 여러 인간군상과 부대끼고, 십 년 넘게 살던 동네를 떠나기도 하고, 다시 정든 동네로 돌아오고, 떠도는 시간을 잠시 겪었다. 그러나 가장 큰 사건은 가족들이 뿔뿔이 흩어져 살게 된 일이다. 동생들은 서울에 일을 하기 위해 올라갔다. 나도 서울에 일을 하기 위해 갔었다. 할머니께서는 요양병원에 가셨다.

2020년 4월의 어느 날, 다시 부모님이 계시는 광주로 돌아오며 광주송정역에서 어느 조손을 보았다. 네 발 달린 지팡이를 짚은 등 굽은 노인이 손녀의 손을 바들바들 잡고 걷고 있었다. 그 모습에서 동생들과 부모님, 할머니 할아버지가 모두 함께 살던 때가 떠오른다.

할머니와 함께 걷게 되면 나는 늘 할머니의 발걸음에 맞춰 느릿느릿 걸었다. 계단을 내려갈 때는 한 발짝 앞서 게걸음으로 내려가며 지팡이가 되었다. 블랙아이스를 주의하라는 겨울에는 새벽기도를 나가는 할머니를 몇 번이고 뒤따라갔고 내가 뒤따르는 줄도 모르고 느릿느릿 지팡이를 짚은 뒤를 맞춰 걸었다. 문득, 부모님께서도 언젠가 저리 느릿느릿 지팡이를 짚을 것이라는 생각이 들었다. 그 언젠가 또 손자가 그 뒤를 몰래 따를지도 모르겠다. 잠깐 산책한다며 나간 뒤를 따르면 그새 저 멀리 빠르게 걷는 빠른 걸음이 그렇게 느려진다니. 할머니께서도 성큼성큼 걷고, 급할 때는 또 뛰었을 것이다. 이제야 성큼성큼 하려는 내 걸음은 할머니의 느린 걸음을 따라갈 수 없다.

정든 동네로 다시 이사를 오고 보니 2년도 안 되는 짧은 사이에 많은 것이 바뀌었다. 20년 가깝게 살면서는 하나도 바뀌지 않고 그대로 있었던 것 같은데 실은 그곳에 있던 나만 몰랐던 것이 아닐까 하는 생각이 들었다. 마침 아파트가 있는 산도 다녔던 중학교, 고등학교, 대학교가 모두 있는 곳이기에 등산로를 따라 크게 걸으면 높은 곳에서 저 멀리 대학교 건물이 보이고 중턱에서 고등학교가 보이고 내려오면 오래 살았던 집이 있는 거리다. 덕분에 산책을 하다 보면 등하교하던 산길, 할머니 손 잡고 돌아다니던 거리, 차에 막내 동생 태우고 오가던 도로를 지나온다. 살던 동네로 도로 이사오고 나니 과거를 덮는 것들, 새로운 것들만 잔뜩 보인다.

할머니께서 나 좋아한다고 가끔 사오시던 기름지고 설익은 닭꼬치를 팔던 분식집은 건물을 허물고 새 건물에 햄버거 가게가 들어섰다. 옛집은 담장을 허물고 꽃밭을 만들었다. 집과 집 사이에 담벼락 대신 꽃밭이 있는 게 참 기분좋다. 어차피 차단기도 없어 이 사람 저 사람 다 다니는데 돌벽이 무슨 소용이었을까? 내가 살던 때에도 담벼락이 꽃밭이었다면 매일 아침 등교하고 출근할 때마다 꽃을 볼 수 있어 좋지 않았을까 조금 아쉽다.

진부하지만, 돌이켜보면서 소중했음을 비로소 깨닫는 경우가 있다. 내게는 이 동네의 기억이 그렇다. 예전에는 가족이 모여 사는 것이 당연했다. 큰외삼촌도 가까운 지역에 살았고, 큰고모도 작은고모도 삼촌도 모두 근방에 살았다. 우리 가족도 함께 살았다. 하지만 큰외삼촌과 할아버지, 큰고모께서 돌아가시고 나서야 그곳에 자리가 있었다는 것을 발견했다. 가족이 늘 모여산다는 생각이 바로 고정관념이었다. 초등학교를 오갈 때 늘 할아버지께서 먼저 손을 잡아주셨지만, 나는 한 번도 먼저 손을 잡은 적이 없음을 깨닫고서야 할머니의 손을 꼭 잡고 발맞춰 걸었다. 한밤중에 한 번씩 불현듯 깨어 할머니께서 숨은 쉬시는지 조용히 다가가 숨소리를 확인하고 다시 잠들곤 했다. 요양병원에 모시고서도 아침 일찍 걸려오는 전화를 쉽사리 먼저 끊질 못한다.

인간은 언젠가는 이별을 하게 된다. 이것은 자연의 섭리이다. 가족도 마찬가지이다. 부모님 슬하에 있다가 성장하여 제 길을 가게 된다. 그러나 근래에 내게 닥친 가족의 해체는 나에게 커다란 충격이었다. 언제까지나 같이 살 것이라고 생각했던 내게 자연의 섭리를 깨우쳐 준 셈이다. 이제 다시 3대가 함께 살았던 추억이 있는 고향처럼 정든 곳으로 돌아와 유년에 보지 못했던 풍경들을 다시금 바라보니 새삼스럽다.

순환, 정반합의 발버둥

선생님이 '아야, 고인물이 빠지게 만들어야 깨끗해지지. 흙장난도 계획성 있게 해야 재미가 있어야!'라며 우산 끝으로 하수구 쪽 흙담을 허물어서 물길을 터주었다. 잠시간 흙탕물이 빠져나가니 정말로 수로에는 맑은 물이 흐르기 시작했다.

세상은 순환의 원리로 이루어져 있다. 초등학교 2학년 때 운동장 구석 수돗가에서 수돗물을 틀어놓고 땅을 파서 수로를 만들며 놀았던 적이 있다. 땅을 깊고 길게 파고 물을 조금씩 흘리면서 만들어진 진흙을 잔돌로 쌓은 수로 사이사이에 펴 바르며 탄탄하게 만들었다. 어느샌가 또래의 아이들도 붙어서 같이 수로를 만들다 보니 나무뿌리처럼 길고 넓게 수로가 확장되기 시작했다.

그런데 아무리 물을 흘려보내도 흙탕물이 넘쳐흐를 뿐이었다. 집 앞 개천에 흐르는 시냇물처럼 맑은 물의 흐름을 볼 수 없었다. 내심 실망하고 있을 때, 지나가던 체육복 차림의 선생님이 '아야, 고인물이 빠지게 만들어야 깨끗해지지. 흙장난도 계획성 있게 해야 재미가 있어야!'라며 우산 끝으로 하수구 쪽 흙담을 허물어서 물길을 터주었다. 잠시간 흙탕물이 빠져나가니 정말로 수로에는 맑은 물이 흐르기 시작했다.

결국 한참 후 다른 선생님께 혼나면서 우리의 수로는 도로 매몰되며 끝나고 말았지만 깊게 기억에 남은 경험이었다.

초등학교 고학년이 되어 도덕 시간에 정반합을 배울 때 저 수로의 경험이 떠올랐다. 고인 물은 새 물이 밀어내고, 새 물은 다시 뒷물에게 밀려난다. 이 반복되는 밀어냄으로 수로는 건강한 수질을 유지했다. 하지만 일부 소용돌이치며 물이 잘 빠지지 않는 수로는 물이 탁하거나 수로를 빠르게 망가뜨리는 등 어떤 문제를 일으켰다. 고인물이 잘 빠지지 않도록 설계된 수로 시스템이 수로 자체를 망가뜨리는 것이다. 이런 어린 시절의 경험이 있었기 때문에 나는 순환이라는 개념을 아주 중요하게 여긴다. 순환은 보조 없이 스스로 되는 것일 수도 있지만 올바른 시스템을 갖추면 더욱 자연스럽고 부드럽게 이루어질 수 있다.

그런데 사회인으로서 여러 경험을 하면서, 우리 사회는 순환이 잘 이루어지지 않고 있다는 생각이 들었다. 특히 여러 시민단체를 보면서 그런 편견이 굳건해졌다.

과거 군사독재 시절에는 인간을 노지에서 끝없이 생산되는 천연자원인 양 쉽게 다루고 쉽게 죽였다. 그러므로 민주화와 인권보호를 위한 투쟁은 아주 중요하고 무거운 가치였다. 과거 운동가들의 헌신이 있었기에 오늘날 누구나 인권이 아주 큰 가치를 지님을 부정하지 못하고, 민주주의의 열매를 달게 취하고 있다. 민주와 인권이라는 개념이 지식인과 운동가들의 투쟁 구호에서 대중의 보장받는 권리로 확대된 것이다.

그런데 요즘은 '인권팔이'라는 신조어가 생겼다. 매우 부정적인 단어인데, 대부분의 인권단체는 이 인권팔이라는 단어로 비하당하곤 한다. 왜냐하면 대중이 이해하는 인권과 시민단체가 명분 삼는 인권 사이에 부정적인 괴리가 존재하기 때문이다. 시대의 과제를 해낸 몇몇 인권단체들이 시대의 변화에 따라 새로 목표를 수정하지 않고 구태의연하게 버티려다 보니 보다 과격해질 수밖에 없는 탓일지도 모른다.

한동안은 시민단체의 인물들을 만나는 일이 잦았다. 지금도 일하면서 만나는 문인 중 여러 문학 활동과 더불어 시민운동에 참여하는 경우가 많다. 그렇게 만나는 그 누구나 한 사람의 개인으로서는 더할 바 없이 선하고 어울리기 좋아하고 논리와 명분을 중요시한다. 헌데, 단체로서의 그들은 배타적이고 이익을 위해 기꺼이 체면을 버릴 각오를 가지고 있다. 혹은 체면을 위해 원칙을 어기기도 한다.

헤겔이 변증법을 도식화한 결과물이 정반합이라는 세부적인 것은 모르더라도 누구나 정반합이 어떤 것인지는 안다. 서로 모순되는 정과 반의 갈등을 겪으며 정과 반이 모두 퇴출되고 정과 반의 장점을 종합한 합이 등장하고 합은 다시 정이 되어 반과 갈등하는 과정을 반복한다는 것이다.

시민단체 또한 그러해야 했다. 하지만 정이 반을 거부하고 억누르면 반은 따로 떨어져 나와서 작은 정이 되길 반복하다 보니 합은 도출되지 않고 오직 정과 정이 대립하는 정만의 사회가 되었다. 갈등이 해소되지 않고 고착되면서 정반합의 순환이 망가진, 소용돌이치는 수로는 흙탕물이 요동치며 수로를 망칠 뿐이다.

나는 그 속으로 걸어들어갈 자신이 없어서 뛰쳐나왔다. 들어가서 버틸 자신이 없는 것이 아니라 내가 바라는 내가 될 자신이 없는 것이다. 내가 바라는 나는 언제까지고 균형감을 가진 채 예리한 시각으로 세상을 바라볼 수 있는 사람이다. 고착된 갈등의 무대에 오래도록 서있는 나는 분명 어느 한쪽의 이익 관계에 함몰될 수밖에 없을 것이다.

분노하는 이유

실제로 분노를 나타내는 경우는 그리 많지 않은 것 같다.
'혹시 분노했다가 불이익이 오면 어쩌지'하는 걱정이 주요 원인이다.
나 또한 화가 날 때 몇 번이고 속에 눌러 담는다.

누구나 화가 날 때가 있다. 속아서 불량품을 샀을 때, 저항하지 못하는 상대를 괴롭히는 사람을 보았을 때, 제 이익만 좇는 이기적인 사람을 보았을 때. 이런 수많은 불의에 우리는 적의를 표현함이 옳다고 생각한다.

하지만 실제로 분노를 나타내는 경우는 그리 많지 않은 것 같다. '혹시 분노했다가 불이익이 오면 어쩌지'하는 걱정이 주요 원인이다. 나 또한 화가 날 때 몇 번이고 속에 눌러 담는다. 운전 중 얌체같이 칼치기 주행을 당하거나 순환도로 출구 저 앞머리에서 끼어들어도 혹시나 사고가 나지는 않을까 몸을 먼저 사린다. 상대의 위험한 행동에 화는 나지만 내 안전을 위해 화를 억누른다. 분노의 임계점은 그리 낮지 않은 것이다. 이성은 충분히 분노를 제어하는 법을 알고 있다.

화를 내는 누군가를 상상해보라. 내가 떠올릴 수 있는 이미지는 대부분 철없는 어린아이나 화를 받는 상대보다 우월한 입장에 서있는 사람이다. 소위 말하는 갑이다. 의정질의를 하는 의원, 매장에서 소란을 일으키는 고객, 부하직원을 질책하는 상사 등. 반면에 갑은 아닌 것 같은데도 분노하는 사람들도 있다. 투쟁하는 노조, 시위하는 시민단체, 소중한 것을 잃고도 위로받지 못한 사람들. 즉, 계산적으로 따져보더라도 분노를 표출하더라도 손해가 미미하거나, 손익을 계산할 여력이 없을 정도로 분노의 임계점을 넘어버리는 경우에만 분노를 외면에 드러낸다는 것이다.

내가 근무했던 이 시민단체는 여러 시민단체가 참가하여 의결을 통해 운영되는 형태이다보니 단체 간에 입장이 부딪치는 경우가 꽤 있다. 단체의 대리자, 대표자로서 회의장에 들어서는 것이니 개인으로서 분노하는 것이 아니라 단체의 입장에서 화를 내는 것일 터이다. 그런데 어째 개인으로서도 화를 주체하지 못하는 것이 아닌가 싶은 모습이 보인다. 서로 입장이 다른 단체에 있다 보니 마주칠 때마다 대립을 반복했고, 단체의 대립이 개인의 감정싸움이 된 사례이리라고 내심 짐작해본다.

사람은 지극히 주관적인 생물이다. 대부분 화를 내는 이유도 참는 이유도 주관적인 이유이다. 그런데 그 주관이 집단논리에 적응하고 동화되어 개인의 주관이 집단의 주관이 되어버린다면 더 이상 개인의 주관이라고 주장하기 어렵지 않을까?

수사적으로 인간은 사회적 동물이라며 집단과 환경에 적응하는 것은 당연하다고 한다. 하지만 역으로 인간은 환경을 인간에 맞춰 변화시키는 동물이기도 하다. 본능을 가장 효율적으로 발산하는 도구인 이성은 대화와 타협이라는 도구를 발명해냈다.

이 대화와 타협이라는 도구는 주관적인 개인이 주관적인 타인과 주관의 공통영역을 넓혀가는 행위이다. 즉, 서로 공감을 이끌어내는 감성과 영역을 일부 공유한다. 이성과 감성이 대립되는 것이 아니라 서로 협업하는 것이라는 이야기이다.

반면에 화를 낸다는 행위는 본능이 이성이라는 도구를 집어

던지고 뛰쳐나오는 원초적인 상태이상이다. 상대에게 나의 이성이 버티기 힘든 상태이므로 경계하라는 경고이다.

레미제라블의 예수님

나는 성선설을 신뢰하지 않는다. 그러나, 그렇기 때문에 우리는 선해지고 싶은 욕망, 서로 서로 돕고 싶은 마음이 있는 것은 아닐까 하는 의문도 있다.

초등학교에 갓 입학한 어린 시절, 『장발장』이라는 소설을 읽은 적이 있다. 조금 더 큰 뒤, 중학교 3학년이 되어서야 그 책이 본래는 『레미제라블』이라는 소설의 여러 부분을 가지치기한 어린이 대상의 책이라는 것을 알게 되었는데, 중학교 3학년 때 읽은 『레미제라블』은 어둡고 지루한 소설일 뿐이었다. 내심 '이렇게 지루하니 애들 읽히려고 줄거리만으로 책을 다시 썼구나'하는 생각이 들었다.

그런데, 어른이 되어 다시 읽으니 이게 참……. 반할 수밖에 없었다. 신부님에게서 경계를 나누지 않는 인간애를 경험한 장발장, 그 단 한 번의 짧은 경험이 평생 남을 위해 헌신하고 수양딸 코제트에게 헌신하는 삶을 살게 했다. 예수는 속삭이는 악마를 꾸짖어 스스로 쫓아냈지만, 장발장은 신부님의 자애를 통해서야 비로소 새 사람으로 거듭났으니 인간은 홀로는 아무것도 이룰 수 없는 나약한 존재라는 것을 드러내려는 것일까?

한 번의 깊은 경험이 인생에 진한 흔적을 남길 수는 있겠지만, 억울한 옥살이와 이어진 절망적인 세상의 낙인으로 깊고 깊어진 세상에 대한 불신과 혐오, 분노, 악을 한 번에 씻어내버리는 신부님의 자애는 마치 세례를 내리는 듯, 장발장을 전혀 다른 사람으로 만들어버렸다. 예수의 단 하나의 가르침은 사랑이다. 경계 없는 인류애이다. 신부님이 발휘한 인류애가 장발장을 새 사람으로 만들고 새 사람으로 다시 태어난 장발장은 코제트를 구원했다.

『레미제라블』을 여러 매체를 통해 접했는데, 그중에서는 2012년 개봉한 뮤지컬영화 『레미제라블』의 마지막 장면을 가장 좋아한다. 울적할 때, 기분이 나쁠 때, 답답할 때마다 찾아보곤 한다. 그러면 언제 그랬냐는 듯이 속이 풀리고 처음 보았던 때의 감동이 다시 떠오른다. 왜냐하면 천국에 들어서는 장발장을 맞이하는 두 사람이 팡틴과 신부님이기 때문이다.

원작 소설에서 신부님은 장발장이 은식기를 훔쳤다가 잡혀왔을 때, 은촛대마저 내어주면서 '장발장 나의 형제여, 이제 그대는 더 이상 악의 수중에 계시지 않고 선의 소유가 되셨소. 나는 그대로부터 당신의 영혼을 샀소. 내가 그것을 흉악한 사념과 멸망의 정령에게서 회수하여 하느님께 드리겠소.'라고 했고, 장발장은 수양딸 코제트와 사위 마리우스에게 은촛대를 물려주며 '이 촛대는 비록 은이지만 내게는 금이자 다이아몬드이고, 꽂아둔 초를 거룩하고 큰 초로 변화시키는 촛대네. 이 보물을 내게 선물하신 그 분께서는 천국에서 내 모습을 만족해하실지 아닐지 모르겠지만, 내 할 일은 다 한 것 같네.'라고 할 정도로 신부님을 아주 중요한 인생의 은인으로 여기고 있다. 그런데 2012년 영화의 마지막 장면에서 신부님이 천국의 문을 열며 장발장을 맞이하는 모습은 장발장의 헌신적이었던 인생을 긍정하고 보답하는 것 같이 느껴졌다. 평생을 빵을 훔친 범죄자, 범죄를 저지른 과거를 숨기고 도망다니는 범죄자,

과거를 사칭하고 큰 사업가이자 시장까지 한 범죄자, 그럼에도 코제트를 위해 헌신한 아버지. 그의 임종을 지켜본 이는 코제트와 사위 마리우스 뿐인 쓸쓸할지도 모를 마지막이었지만, 신부님께 받은 대로, 신부님께 겪은 대로 헌신한 삶을 긍정해주는 '누군가'가 삶의 은인이기에 천국에 들어서는 장발장의 미소가 아이의 천진난만한 웃음, 꾸미지 않고 바로 드러나는 웃음일 수 있지 않았을까.

장발장과 신부님, 이 둘을 떠올릴 때면 간혹 예수의 가르침 중 선한 사마리아인의 이야기가 연달아 떠오른다. 유대인들이 천시하고 경멸해 마지않는 이교도인 사마리아인이라도 자비를 베풂으로서 이웃이 될 수 있다는 가르침 말이다. 장발장은 신부님을 통해 악마에게 떨어져내린 단테가 되는 대신 선한 사마리아인이 되는 기회를 얻었다.

사실 『레미제라블』을 주제로 이야기를 풀어나가자면 끝이 없을 지경이다. 마리우스의 집안 이야기를 풀자면 마리우스는 할아버지에게 길러졌다. 마리우스가 시위를 할 때 찾아와 '네가 집안 망신을 다 시키고 있다'며 꾸짖지만 마리우스가 죽다 겨우 살아온 이후에는 가면을 벗고 애지중지하며 살아있는 것만으로 고맙다는 듯 싸고 도는 모습을 보인다. 체면의 뒤로 숨기고 있던 가족애가 전면으로 드러나는 모습인지 소중한 존재를 잃을 뻔한 경험이 진정으로 소중한 것은 체면이 아니라 가족이라는 것을 깨닫게 해준 것인지는 모르겠으나 마리우스가 진정으로 할아버지의 사랑을 받으며 자란 존재라는 것은 알 수 있겠다.

장발장이 마들렌이라는 가명으로 사업을 할 때는 자베르와 같이 법을 준수하고 성실히 사는 것이 선함이라고 생각했던 것 같다. 그러나 팡틴이 미혼모라는 이유로 자신의 공장에서 쫓겨났고 결국은 딸 코제트를 남긴 채 비참한 죽음을 맞이할 위기에 처했다는 사실을 알게 되면서, 다른 사람이 억울하게 도망친 장발장이라는 누명을 쓰고 재판을 받고 있다는 사실을 알게 되면서, 그저 법을 지키는 것만으로는 선한 삶을 살기에는 모자라다는 것을 깨달았다고 생각한다. 어쩌면 '법에는 자비가 없냐'는 팡틴의 절규가 그의 심리를 크게 흔든 것인지도 모르겠다. 그래서 그는 스스로가 장발장임을 재판장에서 밝히고, 도망쳐서는 코제트를 만나 수양딸로 삼으면서 진정한 사랑을 깨닫게 된다.

코제트는 강아지와 무딘 칼만이 친구인 외롭고 고독한 생활을 하다가 장발장에게 거두어졌다. 장발장이 처음으로 사준 인형을 한시도 떼놓지 않는 모습을 보이고 장발장의 시야 내에서 떠나지 않는 등 사랑을 갈구하는 모습을 보였지만, 바라던 사랑은 장발장이 아낌없이 채워줬다. 자신은 검게 굳은 빵을 먹으면서도 코제트에게는 희고 부드러운 빵을 먹이고, 수도원에서만 산다면 세상을 모른 채 산 것을 슬퍼할까 봐 거리에 집을 구해 따뜻하고 좋은 방에서 함께 살았다. 코제트는 많은 사랑을 장발장에게 받았다.

장발장은 신부님께 받은 자애를 평생의 목표이자 목적으로 삼고 살았다. 즉 타인에게 받은 은혜를 세상에 환원하기 위해 사는 고행자이자 수도자인 셈이다. 그는 처음에는 법의 테두리 안에서 바르고 정직하게 사는 것으로 가능하리라 믿었다. 기독교적인 정직과 정숙, 선의가 목표였을지도 모른다. 그러나 팡틴의 사례를 겪으며 '법의 밖에 있는 불행'을 외면하는 것은 신부님이 베풀었던 자애에서 벗어나는 불의한 행동이라는 것을 통렬하게 깨달았다. 그래서 코제트를 대할 때, 마치 죄인인 듯 속죄하는 듯한 모습을 수시로 보였다. 코제트가 자신이 저질렀던 '불행에 대한 외면'이라는 죄의 피해자였기 때문일지도 모르겠다.

때문에 코제트는 장발장에게 평생을 쏟아부은 사랑의 결정체이면서도 끊임없이 과거의 죄를 환기시키는 존재였다. 신부님이 베풀었던 진정한 자애는 법의 아래에 있는 것이 아니라 인간으로서 경계 없이 베풀어야 할 자애였음을 환기시키는 존재가 바로 코제트이고, 사회적 도덕과 법이라는 때로는 냉혹무비할 수 있는 세계에서 경계없는 인류애와 포용, 자애의 세계로 장발장을 이끌어낸 존재가 바로 팡틴의 딸 코제트라고 생각한다.

한 번 나오고 마는 신부님(비록 신부님에 대한 묘사는 어지간한 단편소설 한 편 수준으로 장대하지만)이 『레미제라블』의

최후까지 존재감을 가지는 것은 주인공격인 장발장에게 자애를 베풀었다는 중요한 한 사건 때문이 아니다. 신부님에게서 장발장으로 이어진 사랑과 인류애의 세계가 코제트로 계속되고, 코제트가 마리우스와 이어지면서 사랑과 인류애가 확산되는 미래를 연상케 해준다.

빅토르 위고가 처음 소설을 쓰며 세상의 온갖 불쌍한 군상들을 고발하고 기록으로 남기려는 의도를 가졌을 수도 있다. 하지만 결과적으로 작품의 전체를 관통하고 있는 주제는 '경계 없는 사랑, 인류애'이다.

중학교 3학년, 처음 뮤지컬을 접하게 된 것은 학원의 이사장을 통해서였다. 그는 뮤지컬과 함께 소설을 함께 읽는 것을 추천했는데, 작품의 배경과 가치, 각본가의 경력, 배우의 경력과 지명도 등을 강조해서 알려줬던 것이 기억난다. 비록 그를 통해서 『레미제라블』을 접하게 되어서 고마운 마음은 있으나 교육자가 과연 현실적 가치만을 재단하고 가르치는 것이 옳은 것인가 하는 안타까움도 함께 남아있다. 더욱이 소개했던 작품이 『레미제라블』이었으니.

소설상에서는 사실 여러 인물들의 내면심리에 대한 묘사가 거의 없다시피하다. 인물의 내면이 아니라 밖에서 관찰자가 되어서 이 인물이 어떤 삶과 사건을 겪었고 어떤 행동을 해서 주변에서 어떻게 그를 대하는지 등 객관적인 정보들만으로 보여준다. 그런데 2012년의 영화나 뮤지컬에서는 솔로곡이라는 형태로 중요한 장면에서 인물이 겪는 내적 갈등과 심리를 묘사한다. 위고의 소설이 서사를 중심적으로 보여주면서 인류애를 주제로 삼았다면 뮤지컬과 뮤지컬을 기본골자로 삼은 2012년의 영화는 보다 인물의 심리변화와 내면의 목소리를 통해서 사랑에서 확장되는 인류애라는 주제를 강조하고 있다. 그래서 장발장, 『레미제라블』이라는 작품에 몇 번이고 빠질 수밖에 없는 것 같다.

2012년 영화 『레미제라블』에서 장발장의 곡 중 하나인 「suddenly」는 어린 코제트를 입양한 첫날 아이를 데리고 가족이 생긴 것에 대한 책임감과 불안감, 사랑이라는 감정을 통한 혼란을 이야기하며 이제는 혼자가 아니라는 데서 터져 나오는 환희를 노래하고 있다. 「bring him home」은 혁명대와 헌병대의 충돌 전날 밤 바리게이트 뒤에서 '이 청년을 살려서 집으로 보내주시고 대신 저를 데려가십시오'라고 신에게 간청하는 내용이다. 그리고 마지막 곡, 「epilogue」에서는 코제트와 마리우스가 '당신이 진정한 우리의 구원자였다'고 증언하며 더 살아달라고 간청하는데, 장발장은 유서를 건네며 '증오에서 벗어난 한 사람의 이야기'를 적었으며 '그 사람은 널 만나면서 사랑하는 법을 배웠다'는 말을 끝으로 자신을 맞이하러 나온 팡틴의 환영을 보며 죽음을 맞이한다.

『레미제라블』을 읽고 또 보면서 한 가지 느낀 것은 인간인 이상 시대를 막론하고 통하는 가치가 있다는 것이다. 2,000년 전 예수가 경계 없는 인류애를 설파했을 때 구름 같이 추종자가 뒤따랐다. 백수십 년 전 빅토르 위고가 다시 경계 없는 인류애를 주제로 『레미제라블』을 썼고 오늘날에도 수많은 사람들이, 단체들이 같은 주제와 목적으로 제각기 행동하고 있다.

나는 성선설을 신뢰하지 않는다. 그러나, 그렇기 때문에 우리는 선해지고 싶은 욕망, 서로 서로 돕고 싶은 마음이 있는 것은 아닐까하는 의문도 있다. 세상에 대한 분노와 증오를 품은 장발장이 신부님에게서 자신이 가지지 못한 자애를 받고서 선망하게 된 것을 보면 말이다.

자유, 민중의 노래

연세대학교 '대나무숲' 페이지에 누군가가 이런 글을 썼다. "인간은 현명하다. 그래서 가망이 있는 싸움인지 아닌지를 쉽게 안다. 인간은 어리석다. 그래서 가망이 없는 싸움임을 알면서도 죽으러 나간다. 인간은 고결하다. 그래서 가망이 없는 싸움에서 결국 승리한다."

수년 전, 홍콩에서 송환법에 반대하는 항쟁이 벌어졌고 온 세계가 지켜봤다. 당시 우리나라 언론매체들은 누구의 눈치를 보는 것인지 집회, 시위라고만 애써 점잖게 표현했는데, 내가 보기에는 항쟁이라고 해야 옳을 것 같았다. 각종 언론과 인터넷 매체들을 통해 홍콩 시민들의 인터뷰를 듣노라면 유달리 한국의 시선에 호의적인 듯한 모습을 보였고, 항쟁 현장마다 한글로 적힌 "광복홍콩 시대혁명"이라는 그들의 슬로건을 쉽게 찾아볼 수 있었다. 왜인지는 그들이 이미 수차례 명백히 밝혔다. 한국의 민주화를 알고 있다는 것이다. 주류언론에는 5·18광주항쟁이 유독 언급되지만 유튜브에서 봤던 어떤 인터뷰 영상에서는 4·19와 부마항쟁과 6·10항쟁에서부터 우리조차도 근현대사에 깊게 관심을 가지지 않고서야 알기 어려운 6·3항쟁과 5·3인천항쟁까지도 줄줄이 언급하는 대학생이 있었다. 그 대학생에게는 우리나라 민주화의 역사가 한 줄기 희망으로 작용하는 것이다. 급박하고 절망적인 상황이지만 자신들에게 닥쳐올 희생의 미래가 결코 무가치한 것으로 스러져 사라지지 않을 것이라는 희망 말이다.

나는 수 년 전 『제38주년 5·18민중항쟁기념행사 백서』 출간을 전담했는데, 덕분에 광주전남을 넘어 전국에서 어떻게 5·18을 인식하고 있는지를 행사의 내용과 방식을 통해서 간접적으로 이해할 수 있었다. 주로 호남에서는 추모와 기억, 그리고 기록이라는 측면이 강했고, 영남에서는 5·18이 어떤 사건이었는지를 정확하게 알리는 데 주력했고, 수도권에 가까워질수록 부조리에 대한 저항, 불합리에 대한 해방이라는 측면에서 바라보려는 경향이 있었던 것 같다.

홍콩우산혁명 때, "Do you hear the people sing"이라는 곡을 부르곤 했는데, 『레미제라블』의 뮤지컬곡이다. 자유를 주제로 하는 1막의 가사인 점, 그리고 현재 그들이 부르는 「영광이 다시 오길」이라는 또 다른 곡에서 '솟아올라 침묵을 뚫고 울리는 함성을 외쳐/ 바란다, 여기에 자유가 돌아오기를'이라고 호소한다는 것이 바로 홍콩시민이 바라는 것이 과거나 지금이나 자유라는 점을 명확히 알 수 있는 근거이다.

약 2,200년 전 중국은 제자백가의 서책을 불사르고 유생들을 죽여서 역사와 문화를 말살하려고 시도했었다. 분서갱유다. 약 삼백오십 년 전 똑같은 시도가 무려 반세기 동안 다시 일어났다. '문자의 옥(文字-獄; 중국 청나라 때에 일어난 여러 필화 사건을 통틀어 이르는 말)'이다. 약 오십 년 전에도 있었다. 문화대혁명이다. 유사 이래 학문의 자유를 억압하고 탄압한 유일한 사례가 모두 중국에서 일어났다. 그리고 그 중국에서 또다시 자유로운 도시의 자유를 빼앗으려 시도하고 있다. 그럼에도 불구하고 그 땅에서는 자유를 위해 싸우고 있다.

6·25 이후 우리의 삶은 두 갈래 길이었다. 자유, 경제. 국가라는 집단의 입장에서는 수십 년간 반복된 독재자의 등장에 저항하여 자유와 그 수단인 민주주의를 쟁취하기 위한 항쟁,

더 이상 국권을 빼앗기지 않기 위한 무력이라는 측면에서의 경제 성장. 개인의 입장에서도 마찬가지로 독재자에게 미래를 강탈당하지 않기 위한 자유의 쟁취를 위한 투쟁, 더 나은 미래를 물려주기 위한 경제적 성공.

이 두 갈래 길은 흔히 알려진 DNA 모형과 같이 서로 만나지 않으면서도 촘촘히 연결되어 같은 목표를 지향하고 있는데, 이는 바로 개인의 자유가 침해받지 않으며 삶의 목적을 성취할 수 있는 미래이다. 한없이 자유롭더라도 삶의 목적을 발견하고 성취할 토양이 마련되지 않은 사회라면 불행한 삶을 살 수밖에 없다. 반대로 경제적으로 아무리 풍요롭더라도 내 삶에 자유가 없다면 어떠한 것도 성취하지 못하고 사회의 부속으로 소모되고 말 것이다.

우리는 좌충우돌의 수많은 시행착오를 거치고는 있으나 착실히 자유를 쟁취했고 경제적으로도 대단한 성취를 해냈다. 다만 성숙해지기를 기다릴 뿐이라고 나는 믿는다. 그 징조로 도처에서 개인들이 국가에 필요한 바를 적극적으로 요구하기 시작했고, 국가는 요구에 부응하기 위한 여러 제도적 장치를 마련하고자 노력하고 있다. 정치에 대한 실망이 더이상 환멸과 체념으로 수렴하지 않는다. 오히려 '내가' 직접 해내겠다고 나서는 배경에는 부모님들과 부모님들의 부모님들이 일구어낸 자유와 경제가 존재한다.

저 홍콩의 역사를 보고서 연세대학교 대나무숲에 누군가가 이런 글을 썼다. “인간은 현명하다. 그래서 가망이 있는 싸움인지 아닌지를 쉽게 안다. 인간은 어리석다. 그래서 가망이 없는 싸움임을 알면서도 죽으러 나간다. 인간은 고결하다. 그래서 가망이 없는 싸움에서 결국 승리한다.”

이 글을 읽으며 자유는 인간의 이음동의어가 아닌가 하는 생각이 문득 들었다. 싸우고 지고 다시 싸워서 지고 또다시 싸워 지고 말지만 한 걸음 한 걸음 나아가는 것이 인간이다. 그렇기에 인간은 여러 번 일부의 자유들을 쟁취해냈고 어디선가는 여전히 새로운 자유 혹은 잃어버린 자유를 위해 싸우고 있다.

뉴노멀과 뉴칼라

에디슨이 '실패는 성공의 어머니'라고 말했는데, 불편함과 나태함은 발명의 어머니일 것이다. 초등학교도 입학하기 전의 어린 시절 엄마에게 내가 이렇게 말했다고 한다. '컴퓨터로 쓸 거니까 글씨 못 써도 괜찮아!'

코로나19가 촉발한 뉴노멀. 개인의 거리를 유지하고, 불필요한 접촉을 지양하는 사회로 넘어가면서 과거 느끼지 못했던 여러 불편함이 다시 인류의 발전을 촉진시키고 있다. 이미 극도로 발달했던 통신기술은 다시 한번 이동통신에서 업무통신의 형태로 접목되고, 의사들이 격렬히 반대하던 원격 진료는 실험대에 오르고야 말았다. 공중보건에 있어서 마스크의 효용성이 다시 검토되었고, 무더운 여름을 맞아 위생과 현실적 불편이 타협하여 결국 여름용 마스크가 나오기까지 했다. 앞으로 누군가 이 마스크 자체에 불편을 참지 못하게 된다면 마스크를 대체할 전혀 새로운 무언가가 나올지도 모르겠다. 이렇듯 코로나19 이전만 해도 생각해보지 못했던 거리의 모습이 되었다.

전염병이 인류의 규칙을 바꿔버린 것은 한두 번이 아니었다. 페스트는 불결했던 유럽의 도시에 하수도를 가져왔고 청결의 유지를 기본 규범으로 요구하게 되었고 결국 의학이 발전하는 토양을 마련했다. 의학의 발전에는 과학의 발전과 도량형의 표준화가 어깨를 걸고 함께했으니 현대 인류의 모습을 페스트가 강제했다고 볼 수도 있지 않을까?

코로나19가 페스트의 전철을 밟을 수도 있다. 2017년 다보스포럼에서 지니 로메티 IBM회장이 말했다.

'뉴칼라의 시대가 온다.'

'뉴칼라'는 '디지털 기술을 통해 새로운 것을 창조하는 이들'

을 의미한다고 한다. 현재 존재하는 수많은 종류의 프로그래머들이 뉴칼라의 대표적 예시인 것이다. 힘든 육체노동과 단순 사무노동은 이제 AI로 거듭나며 스스로 사고할 수 있게 된 기계가 대신하게 되고, 대신 인간에게는 작업지시자로서의 능력을 요구한다. 이 작업지시자로서의 능력을 발휘하기 위해서는 인간의 언어를 기계의 언어로 치환하는 기술이 필요하고, 이를 얼마나 섬세하고 번역의 오류가 없도록 잘 구성하는지가 중요한데, 근래에 마이크로소프트에서는 말이나 텍스트로 설명하면 설명한대로 코드를 작성하는 AI를 어느 정도 구현하는데 성공했다고 한다.

2017년 다보스포럼에서는 막연히 다가올 가까운 미래라고 생각하며 새로이 지칭했던 뉴칼라의 시대가 순식간에 곧 실현될 미래로 다가와버렸다. 현재도 이미 대량의 육체노동인구를 요구하는, 실업률 해소의 마스터피스로 여겨지던 공장이 과거만큼 실업률을 해소시켜주지 못하게 되었다. 자동화가 상당히 이루어져 소수의 관리자만으로도 굴러가는 '스마트'한 생산라인이 도입되고 있기 때문이다. 앞으로는 이러한 고용의 감축이 블루칼라에서 화이트칼라로 넘어갈 것이다. 인간에게는 복잡한 회계와 관리부서의 업무가 AI에게는 무엇보다도 쉬운 업무이리라는 것은 쉽게 예측이 가능하다.

코로나19로 촉발된 뉴노멀이 뉴칼라 시대의 도래를 가속할 것이라는 예상은 그다지 어렵지 않다. 싼 인건비를 찾아 제3

세계를 떠돌던 기업들은 시장에 가까운 국가에 AI가 제어하는 공장을 설립하기를 선호하게 되는 미래가 그리 멀지 않았다. 당장 테슬라 모터스의 경우 메가 팩토리를 넘어서는 테라 팩토리를 가동하겠다고 나섰으니 경쟁자들, 지켜보는 기업가들이 눈을 떼지 않고 있을 것이기 때문이다.

그런 미래에서 AI와 대화하고 명령할 줄 아는 사람, AI를 더욱 영리하고 충실하게 발전시킬 줄 아는 사람이 대우받게 될 테니 뉴칼라의 시대가 오리라는 IBM회장의 예측은 빠르게 다가오고 있다.

그렇다면 뉴칼라는 어떻게 해야 되는 것일까? 어떤 능력이 필요한 것일까? 아마도 잘 놀고 다양한 경험을 가진 창의적인 인재상이 요구되지 않을까 싶다. 사실 우리나라 공교육에서 창의적 인재를 목표로 한 지는 오래되었으나 여전히 교육체계는 경직되어있으니 다가올 뉴노멀-뉴칼라의 시대에 유연하게 대처하기에는 거쳐야 할 난관이 많으리라고 생각한다.

어릴 적 기억에 초등학교 1학년이던 1996년에 방과 후 수업의 일환으로 '창의력 신장반'이라는 걸 학교에서 운영했다. 그런데 정작 수업 내용은 두 자릿수의 덧셈 뺄셈, 곱셈 나눗셈의 사칙연산, 직류와 교류의 차이점과 쓰임새, 한자쓰기, 교가 암기 등이었다. 요즘 학교는 어떻게 돌아가는지 모르겠지만, 사람이 바뀌지 않았는데 내용이 대격변을 맞이했으리라고는 도저히 생각할 수 없다. 뉴칼라의 시대에 공교육은 큰 비중을 차지하지 못할지도 모르겠다. 어쩌면 학력과 학벌의 시대는 머지않아 붕괴하지 않을까?

우리나라는 열풍이라 부를 정도로 교육열이 높은데 학력과 학벌의 시대가 붕괴한다는 예상이 가당할까 싶지만, 백문이 불여일견이라는 말처럼 책상을 떠나지 않는, 경험이 부재한 교육은 상상의 폭을 확장시키기 매우 어렵기 때문에 도저히 창의적 인재상에 도달할 수 없다고 생각한다. 여러 계통에서 프로토타입을 만들고 운용해보는 이유가 바로 경험을 통해 탁상에서는 미처 깨닫지 못했던 오류와 불편사항을 발견하고 개선하기 위함이라는 것을 떠올려 본다면 경험보다 뛰어난 스승은 존재하지 않는다. 그런데 경험 없는 교육에 어떤 미래가 있을까?

에디슨이 '실패는 성공의 어머니'라고 말했는데, 불편함과 나태함은 발명의 어머니일 것이다. 초등학교도 입학하기 전의 어린 시절 엄마에게 내가 이렇게 말했다고 한다. '컴퓨터로 쓸 거니까 글씨 못 써도 괜찮아!'

하지만 못난 글씨는 콤플렉스가 됐다. 가끔 예전의 내가 쓴 글씨들을 해석하고 있자면 후회가 될 때가 많다. 그런데 나 같은 사람이 많은 것 같다. 인터넷을 둘러보면 못난 글씨를 사진 찍으면 AI가 분석해서 원하는 폰트로 출력해주는 문자인식 기술이 점차로 발전해가고 있는 것을 알 수 있다. 10여 년 전에는 인쇄물의 글씨도 제대로 인식하지 못해서 틀리게 읽더니 이제는 내 글씨도 꽤 잘 읽어낸다. 기술의 발전이 대단하다. 아마도 나만큼 글씨를 못 쓰는 프로그래머가 있었던 것은 아닐까 싶다.

뉴칼라는 이런 불편함을 못 참는 능력자들의 차지가 될 것이다. 그리고 공교육의 방향을 총체적으로 재검토해야 할 시점이기도 하다.